Alfred Gotthold Meyer

Reinhold Begas

Alfred Gotthold Meyer

Reinhold Begas

ISBN/EAN: 9783744629010

Hergestellt in Europa, USA, Kanada, Australien, Japan

Cover: Foto ©ninafisch / pixelio.de

Weitere Bücher finden Sie auf **www.hansebooks.com**

Reinhold Begas

von

Alfred Gotthold Meyer

Künstler-Monographien

In Verbindung mit Andern herausgegeben

von

H. Knackfuß

XX

Reinhold Begas

Bielefeld und Leipzig
Verlag von Velhagen & Klasing
1897

Reinhold Begas

Von

Alfred Gotthold Meyer

Mit 117 Abbildungen nach Skulpturen, Gemälden
und Zeichnungen

Bielefeld und Leipzig
Verlag von Velhagen & Klasing
1897

Von diesem Werke ist für Liebhaber und Freunde besonders luxuriös ausgestatteter Bücher außer der vorliegenden Ausgabe

eine numerierte Ausgabe

veranstaltet, von der nur 100 Exemplare auf Extra-Kunstdruckpapier gedruckt sind. Jedes Exemplar ist in der Presse sorgfältig numeriert (von 1—100) und in einen reichen Ganzlederband gebunden. Der Preis eines solchen Exemplars beträgt 20 M. Ein Nachdruck dieser Ausgabe, auf welche jede Buchhandlung Bestellungen annimmt, wird nicht veranstaltet.

Die Verlagshandlung.

Druck von Fischer & Wittig in Leipzig.

Reinhold Begas.

Dem Meister, welchem dieses Buch gewidmet ist, fiel eine der höchsten Aufgaben deutscher Kunst zu: das Nationaldenkmal Wilhelms I in der Hauptstadt seines Reiches. Nicht nur der Kunstgeschichte gehört dieses Werk an. Vom Wiederhall einer großen welthistorischen Vergangenheit ist es brausend umrauscht, im nationalen Hochgefühl der Gegenwart schlagen ihm Millionen deutscher Herzen stolz entgegen, und über ihm schwebt mit verjüngtem Flügelschlag der kaiserliche Aar. Einer der hehrsten Momente aus der Geschichte der Hohenzollernfürsten ist in ihm verkörpert. Was den Tag seiner Enthüllung, den hundertjährigen Geburtstag des ersten Deutschen Kaisers, weiht, kündet der Nachwelt die Inschrift: „In Dankbarkeit und treuer Liebe das deutsche Volk."

Vermag eine materielle Schöpfung den Gehalt dieser Worte in ein ehernes Bild zu übertragen? Kann das Monument selbst den so gänzlich verschiedenen Erwartungen entsprechen, die seine Aufgabe an sich berechtigterweise erweckte? — Diese Frage pocht an die Schranken, welche der Monumentalbildnerei selbst gesetzt sind, und bei jeder theoretischen Betrachtung muß sie verneint werden. — Des Künstlers Antwort aber ist eine schöpferische That. Und diese bleibt. Sie überdauert den Streit der Meinungen. Sie beginnt ein eigenes Leben und führt ihre Sache vor Mit- und Nachwelt selbst. Unzählige Scharen — wir hoffen es — werden an diesem Denkmal vorüberwandern, zahlreiche Geschlechter. Verschieden werden auch bei ihnen die Urteile lauten, allein man wird es sich später ebensowenig „anders" denken können, wie heut das Friedrichsdenkmal und das Monument des Großen Kurfürsten. Das über Viktorien emporragende Bild Wilhelms des Großen auf seinem vom Genius geleiteten Roß, inmitten des Kaiserforums vor der Triumphalpforte des Hohenzollernschlosses, wird ebenso ein geheiligter Besitz der deutschen Volksphantasie werden, wie der „Alte Fritz" über der Schar seiner Generäle und die Imperatorenfigur Friedrich Wilhelms über den gefesselten Sklaven — gleichviel, ob es der leiblichen Gestalt Wilhelms I näher oder ferner steht, ob es der Schilderung völlig entspricht, welche der Historiker Deutschlands, Preußens oder des Hohenzollernhauses von ihm entwerfen muß, ob der ganze Charakter dieses Denkmals ge-

1*

treu die Zeit spiegelt, der es gewidmet ist, gleichviel endlich, ob es bestimmte gerade herrschende Anschauungen von den Wegen und Zielen der Plastik ganz befriedigt oder nicht. Denn über die bleibende Bedeutung eines Kunstwerks, und vollends eines öffentlichen Denkmals dieser Gattung, entscheidet kein theoretisches Bekenntnis irgend welcher Art, ja nicht einmal die Wucht der geschichtlichen Überlieferung, sondern letzthin nur das künstlerische Können an sich, die persönliche Kraft, welche der Künstler bei seiner Schöpfung eingesetzt hat. Von dieser selbst strömt sie siegreich aus, auch dem Unerwarteten und Ungewohnten begeisterte Anhänger werbend.

Für die Kunstgeschichte vollends, welche überhaupt kein ewiges Dogma kennt, sondern nur ein ewiges Werden mit tausendfältigen, bei gleicher Potenz auch gleichberechtigten Erscheinungsformen, welche jener lebendig fortzeugenden Kraft auch noch im scheinbaren Kreislauf der Entwickelung nachspürt, bezeichnen diese drei Fürstendenkmäler der Reichshauptstadt drei Marksteine in der Geschichte der deutschen Plastik.

Dem Monument des Großen Kurfürsten und dem Friedrichsdenkmal sind in derselben schon längst ihre festen Stellen angewiesen worden. Jedes von ihnen steht nicht am Beginn, sondern am Ende einer großen Entwickelungsperiode: das Werk Schlüters ist eine der reifsten Schöpfungen der Barockzeit, das Rauchs spiegelt eine eigenartige Phase des Neuklassicismus. Im Reiterbild des Großen Kurfürsten lebt der Geist Rubens'scher Kunst, mit ihrer dramatischen Wucht, mit dem Fortissimo ihrer Wirkungen, mit ihrer jeder architektonischen Gebundenheit fremden Pracht. Der Grundzug in Schlüters Werk ist: Kraft. Auch das, was

Abb. 2. Modell zur Bronzebüste Kaiser Wilhelms I. 1896.

in ihm der Antike entlehnt ist, vor allem die Imperatorenherrlichkeit und die Verkörperung des Triumphes über die unten im Staub gefesselten Gegner, dient nur dazu, diesen monumentalen Ausdruck einer weltbewegenden Energie zu steigern. In diesem Sinne aber sind Schlüter und Rubens nur die germanischen Vertreter einer Kunstweise, die lange zuvor in Italien beginnt. Donatello, Michelangelo, Bernini — das sind die drei Künstlernamen, welche die Hauptabschnitte des hier im Norden zu seinem vorläufigen Ziel gelangten Pfades kennzeichnen. Den unmittelbaren Hintergrund für das Schlütersche Werk aber bildet das Zeitalter des Sonnenkönigs, die Kunst

Abb. 3. Vom Nationaldenkmal Kaiser Wilhelms I.

unter Ludwig XIV, eines Le Brun und Girardon, und wiederum ist es vor allem die robuste Lebenskraft, die kerngesunde Frische, die das Werk des Deutschen von denen seiner italienischen und französischen Zeitgenossen trennt.

Zwischen dem Denkmal des Großen Kurfürsten und dem Friedrichsmonument liegen anderthalb Jahrhunderte. Mehrfach hatte inzwischen das künstlerische Wollen gewechselt, das Können erheblich geschwankt, dann hatten sich beide auf einer Bahn gefunden, deren Spuren die Kunstentwicklung niemals gänzlich verloren, und die schon einmal, unter der Sonne der Renaissance, als ein sicherer Siegespfad in neuem Lichte erglänzt war: auf der Bahn der Antike. Die hellenische Plastik wurde zum Leitstern. Man lernte von ihr vor allem die Läuterung der Wirklichkeit zu

Abb. 1. Pan und Psyche.

plastisch reinen Formen. Das plastische Ideal verdrängte das malerische, und zugleich wich die impetuose Bewegung ruhiger Monumentalität. Die Kraft suchte man seltener bei blitzartiger oder wuchtig gespannter Bethätigung, als in ihrem latenten Zustand. So schuf der Italiener Canova Freiheitskriege konnte kein Deutscher nur mit den Augen griechischer Bildhauer betrachten. Der König wollte ein verklärtes Bildnis seiner Lebensgefährtin, und in der preußischen Uniform lebte das preußische Nationalgefühl. So traten neben das an der antiken Plastik erstarkte klassische Ideal

Abb. 5. Pan als Lehrer des Flötenspiels.

und der Däne Thorwaldsen, und gleichzeitig verkündete der zum Hellenen gewordene Deutsche Winckelmann das Künstlerevangelium von der „stillen Größe." Zu seinen Bekennern zählt auch noch Rauch. Aber er vernahm zugleich auch die lebhafte Wirklichkeitsforderung seiner eigenen Zeit. Sie sprach schon aus ihren Aufgaben selbst. Die Königin Luise und die Helden der die Ansprüche einer volkstümlich nationalen Kunst. Das Ergebnis war ein Kompromiß. Auch verstandesmäßige Überlegung war an demselben beteiligt. Den Ausschlag aber gab Rauchs persönliche Begabung, die zur Mittlerrolle zwischen den beiden Forderungen wie geschaffen war. Sein hohes künstlerisches Taktgefühl und sein ungemein feiner Blick für das Wesentliche der Erscheinung, dem die geschickteste Hand zur Verfügung stand, ermöglichten ihm, die Würde und den formalen Wohlklang der antiken Plastik zu wahren, obgleich er das Idealkostüm aufgab und einen volkstümlichen Ton anschlug. So schuf er auf der Höhe seines Könnens das Denkmal Friedrichs des Großen und seiner Zeit, eine monumentale Ode, die als solche unübertrefflich ist, die jedoch zugleich auch die Schranken kennen lehrt, innerhalb welcher diese ganze Kunstweise bei einer solchen Aufgabe unseres Jahrhunderts zur Geltung gelangen kann. Rauch selbst hat den Satz ausgesprochen: „Jedes Geschaffene hat die Atmosphäre seiner Zeit," und keine glänzendere Bestätigung gibt es dafür in der deutschen Kunstgeschichte, als sein eigenes Schaffen. Stärker, als der sinnfällige Eindruck, wirkt in ihm ein ideelles Element. Es ist die monumentale Verkörperung des deutschen Geisteslebens im Zeichen des Klassicismus, jener Epoche, die mit Winckelmann beginnt und teilweise noch den königlichen Namen Goethes trägt. Neben Rauch stehen auf vielfach ganz anders geartetem Boden, und dennoch ganz innerhalb der gleichen Zeitstimmung, Schinkel und Cornelius.

Seit der Enthüllung des Friedrichsdenkmals sind noch nicht zwei Menschenalter verflossen, aber das Tempo der Geschichte hat sich in Preußens und Deutschlands Siegeslaufbahn zu Sturmeseile beschleunigt. Der Prinz von Preußen, der an der Bahre Rauchs getrauert, wurde des neuen deutschen Weltreichs erster Kaiser, an dessen Denkmal in Berlin unter seinem zweiten Nachfolger die Plastik unserer Tage mit dem nahen Friedrichsmonument in unwillkürlichen Wettstreit tritt. Mit ganz anderen Mitteln geschieht dies, denn völlig hat sich die Zeitatmosphäre geändert. Das Zeitalter Goethes, als dessen Sendbote noch der greise Alexander von Humboldt der Totenfeier Rauchs beigewohnt hatte, ist zur Rüste gegangen. Die Sonne Homers kann aus dem neuen Denkmal nicht leuchten: dann wäre es im Sinne Rauchs sicherlich keine echte Schöpfung der Gegenwart! —

In der That kennt die Kunstgeschichte kaum größere Gegensätze, als zwischen diesem Werk und dem Friedrichsmonument. Da stehen zwei völlig verschiedene Welten einander gegenüber, von denen jede ihrem eigenen Gesetze folgt. Anders ist das Verhältnis zum Denkmal des Großen Kurfürsten. Trotz der soviel reicheren Instrumentierung glaubt man eine Verwandtschaft des Leitmotivs herauszuhören. Aber die künstlerischen Mittel sind auch hier grundverschieden. An dem neuen Denkmal ist wahrlich nichts erborgt, und diese Verwandtschaft mit dem Schlüterschen Werk ist eine ebenso unmittelbare Äußerung der Künstlerpersönlichkeit, die es schuf, wie jener Gegensatz zu der Weise Rauchs.

Das lehrt eine Rückschau auf ihr gesamtes Wirken. Durchaus folgerichtig hat sie sich entwickelt. Das Kaiserdenkmal krönt ein Lebenswerk, welches begann, als dasjenige Rauchs sich seinem Ende zuneigte. Der zeitliche Zusammenhang spricht am deutlichsten aus der Thatsache, daß der Schöpfer des neuen Monumentes als Jüngling unter Rauch in dessen Werkstatt arbeitete. Um so größer erscheint die Beider Hauptwerke scheidende Kluft, um so tiefer in ihrer Persönlichkeit begründet. Denn wie der Meister des Friedrichsdenkmals, so ist auch der Schöpfer des Wilhelmsmonumentes nur sich selbst treu geblieben. Mit selbstgewählten Stoffen hat er vor vier Jahrzehnten, noch in der Blütezeit der Rauchschen Schule, sein Wirken begonnen, mit Arbeiten, die aus der Werkstatt in die Kunstausstellungen wanderten, als Sendboten eines unbekannten jungen Bildhauers, der es trotzdem wagte, gegen den Strom zu schwimmen. Sie haben ihm in einem fast dramatisch erregten Kampf den Weg eröffnet, auf dem er an der Spitze stetig wachsenden Schülerschar die Berliner Plastik einer neuen Epoche entgegenführte, den schrittweis erstrittenen Siegespfad, auf dessen Gipfel ihm kaiserliche Huld eine der hehrsten Aufgaben anvertraute, welche die Geschichte seines Volkes seiner Kunst zu vergeben hat. Und auch bei ihrer Lösung ist er ebenso selbständig nur seinem eigenen Genius gefolgt, unbekümmert um überzeugungstreuen Tadel und eifernden Angriff, wie am Anfang seiner Laufbahn! Ein solcher Künstler trägt den sichersten Maßstab seines Wertes in sich selbst, und er darf jetzt in der That mit Bezug auf eine Schilderung seines ganzen Lebenswerkes, wie sie hier versucht werden soll, zunächst die Forderung aussprechen, die ihm bereits vor Jahrzehnten

ein feinsinniger Kunstgelehrter den
Tageskritikern gegenüber mit dem
stolzen Dichterwort in den Mund
legte:

„Seht ihr meine Werke, lernet
erst, so wollt' er's machen!"

* * *

„Glücklich, wem doch Mutter
Natur die rechte Gestalt gab!"
Wenn einem unserer Künstler, so
ist dieses Glück Reinhold Begas zu
teil geworden, und nicht allein nur
so äußerlich, wie es der Dichter
meint. Günstige Sterne standen
über seiner Wiege, und von dem,
was nötig und förderlich ist zur
„rechten Gestalt" im Leben und
Schaffen, ward ihm kaum etwas
versagt.

Reinhold Begas ist in einem
Hause geboren und aufgewachsen,
wo Leben und Kunst untrennbar
waren. Sein Familienname hat in
der deutschen Kunst einen hellen
Klang, sein Vaterhaus „am Karlsbad" ist ein Stück Berliner Kunstgeschichte. Es ist zugleich eine von
jenen Stätten Alt Berlins, deren
wirklicher Reiz im Reflexlicht der
so ganz anders gearteten Gegenwart noch einen besonderen Zauber
empfängt. Fast märchenhaft in der
That klingen dem jüngeren Geschlecht heut die Schilderungen,
welche die Hausgenossen, Freunde
und Nachbarn von dieser Stätte,
von den in ihr waltenden Menschen und
von dem dort herrschenden Geist entwerfen. Im Potsdamer Thorviertel, am
Karlsbad, wo heut das hastende Leben
der Weltstadt brausend vorüberflutet, dehnte
sich in den fünfziger Jahren jenseits des
Kanals, an freies Feld und Weiden gren-
zend, ein baumreiches Gartenland. Vil-
leggiaturen waren darin nach dem Sinne
unserer Altvorderen. Nach unseren Be-
griffen waren sie bescheiden genug, niedrige,
halb ländliche Häuschen, wie man sie
heute noch zuweilen in den älteren Vor-
orten Berlins sieht, so rechte Stätten für
ein reges Familienleben und für stilles
Schaffen. Eines derselben, inmitten eines
großen, wohlgeordneten Obstgartens, war

Abb. 6. Bacchusknabe.

das Heim und Atelier des Malers Karl
Begas: das Vaterhaus Reinholds.

Als derselbe am 15. Juli 1831 als
dritter Sohn geboren wurde, stand der
Vater auf der Höhe seines Lebens und
seiner Kunst. Karl Begas hat neben Wilhelm
Wach der Berliner Malerschule während
der ersten Hälfte des Jahrhunderts ihr Ge-
präge gegeben, allerdings nicht mit der
schöpferischen Kraft eines Pfadfinders, sondern durch die Tüchtigkeit und Gediegen-
heit seines technischen Vermögens, das ihn
in Verbindung mit einer begeisterten und
begeisternden Kunstanschauung und einem
ungemein leutseligen Wesen, in ungewöhn-
lichem Grade zum Lehren befähigte. Innerhalb der Geschichte der deutschen Malerei

Abb. 7. Frontalgruppe der Berliner Börse.

seiner Zeit erscheint er als einer der begabtesten Eklektiker, von großer Vielseitigkeit im Wollen, aber auch im Können. Überblickt man sein Lebenswerk, seine zahlreichen Bilder biblischen Inhaltes, besonders seine größeren Altargemälde, seine durch Nachbildungen weitverbreiteten Genrestücke und seine Porträts, so zeigt sich, oft nicht ohne inneren Widerspruch, ein eigentümlicher Wettstreit zwischen einer romantisch-poetischen und einer naiv-realistischen, selbst an das zufällige Modell gebundenen Auffassungsweise. Gleichmäßig aber wird dieselbe von einem feinen künstlerischen Taktgefühl beherrscht. Dieses und die gesunde Naturbeobachtung zeichnen sein Schaffen auch da aus, wo dasselbe, innerlich unvermittelt, von den Wegen der Römischen Nazarener zu denen der Düsseldorfer Romantik und gelegentlich auch der Münchener Monumentalkunst übergeht, und seine besten, dauernd auf gleicher Höhe bleibenden Werke, seine Bildnisse, offenbaren in ihrer natürlichen Frische und psychologischen Feinheit am unmittelbarsten den Kerngehalt seiner Kunst. Schon die Namen der von ihm Dargestellten selbst – unter anderen Alexander von Humboldt, Jakob Grimm, Schelling, Karl Ritter, Lepsius, Schadow, Schinkel, Rauch, Cornelius, Zelter, Meyerbeer, Mendelssohn — kennzeichnen die geistige und künstlerische Atmosphäre des damaligen Berliner Lebens, in welchem das Begas'sche Haus, obgleich es keineswegs zu den reichen gehörte, einen allgemein geschätzten Mittelpunkt bildete. Und in demselben waltete noch ein besonderer Zauber. Gesund an Leib und Seele waren seine Bewohner. Die Selbstporträts und die Familienbildnisse von der Hand des Vaters künden dies noch der Nachwelt. Schöne, kräftige Menschen zeigen sie, von dem Elternpaar, bis herab zu den jüngsten Sprößlingen ihrer stattlichen Nachkommenschaft. Der Vater starb sechzigjährig, nachdem er die ersten Schritte seiner Söhne Oskar, Reinhold und Adalbert auf ihrer ihnen gleichsam von der Natur vorgeschriebenen Künstlerlaufbahn noch selbst geleitet und auch ihre ersten Erfolge noch miterlebt hatte. Ihm stand besonders der älteste, der spätere Maler, nahe; Reinhold aber war der Liebling der Mutter, und diese sollte sich am Künstlerruhm ihrer Söhne auch der jüngste, Karl, hatte die Bildhauerkunst erwählt — noch lange rüstig erfreuen. Energisch und mit fast eifersüchtiger Liebe wachte sie über ihre Kinder. Kernige Kraft sprach aus ihrem Wesen. Von ihrem Äußeren, das noch im hohen Alter die Spuren einstiger Jugendschönheit trug, hat der langjährige Freund des Begas'schen Hauses Ludwig Pietsch in seinen Lebenserinnerungen ein helles Bild entworfen: „Eine Matrone von wahrhaft großem Stil der ganzen Erscheinung, von hohem Wuchs, mit noch unergrautem, welligem, dunkelblondem, vollem Haupthaar, mit hoher, leuchtender Stirn, mit mächtigen, rein blauen, strahlenden Augen."

In den Aphorismen, die Reinhold Begas 1895 veröffentlichte, fordert er für den echten Künstler eine „dreieinige" Begabung: eine männliche Energie, eine weibliche Zartheit und eine kindliche Naivetät. Sein Vaterhaus war wohl geeignet, ihm diese Gaben mit auf den Lebensweg zu geben.

Daß ihn dieser von Anbeginn zur Kunst führte, war fast selbstverständlich. Künstlerblut in sich, Künstlerblut um sich — was Wunder, daß schon der Knabe zu zeichnen und eifrigst in Thon zu modellieren begann? Ein Zufall läßt dies heut als ein seltsam bedeutungsvolles Patengeschenk erscheinen: seine Taufpaten waren drei gefeierte Berliner Bildhauer, Gottfried Schadow, Christian Rauch und Ludwig Wichmann.

Der letztere, ein Verwandter seiner Mutter, wurde auch sein erster Lehrmeister in der plastischen Technik. Allein viel mehr, als diese, dankte er diesem Kunstgenossen Rauchs wohl nicht. Die neuere deutsche Kunstgeschichte hat mit einer ganzen Reihe von Persönlichkeiten zu rechnen, die das, was sie wurden, nicht d u r c h, sondern eher t r o t z ihrer frühesten Schulung geworden sind. Unter den Bildhauern gilt dies von keinem unmittelbarer, als von Reinhold Begas. Die unter Wichmann begonnenen Studien setzte er im Atelier des Altmeisters Rauch selbst fort, wo damals des Denkmal Friedrichs des Großen alle Kräfte in Anspruch nahm. Im No-

Abb. 8. Modell zum Denkmal Friedrich Wilhelms III für Köln.

Abb. 9. Schillerdenkmal in Berlin.

vember 1848 findet sich in Rauchs Tagebuch, welches auch die Eleven und Gehilfen treulich verzeichnet, die Notiz: „Reinhold Begas von hier, Sohn des Freundes Professor Begas," und in dem offiziellen Katalog der Akademischen Berliner Kunstausstellung vom Jahre 1852, welche sein erstes selbständiges Werk der Öffentlichkeit vorführte, ist seinem Namen die Bemerkung beigefügt: „Schüler des Professors Rauch." Noch bis in die Mitte der fünfziger Jahre bestand dieses äußere Schülerverhältnis, allein es entsprach ihm kein inneres Band,

Kritik spendete dieser Arbeit des „Rauchschülers" lebhaften Beifall. In allen Berichten von der Berliner Akademischen Kunstausstellung 1852, auf welcher sie sich befand, wird ihrer lobend gedacht, besonders seitens des Kunstreferenten der „Vossischen Zeitung," Dr. Max Schaßler. Ja, als diese inzwischen in carrarischem Marmor ausgeführte Gruppe 1854 von neuem ausgestellt war, zögerte dieser nicht, ihr selbst vor der gleichzeitigen Behandlung desselben Themas durch den von Cornelius beeinflußten Rietschelschüler August Wittig

Abb. 10. „Lyrik" und „Drama" vom Schillerdenkmal in Berlin.

wie es sonst wohl kunstgeschichtlich maßgebend den Schüler mit seinem Lehrmeister verbindet. Darauf lassen in diesem Sinne selbst schon die frühesten Arbeiten des Künstlers zurückschließen.

Die erste, mit welcher er erfolgreich vor die Öffentlichkeit trat, war eine größere Gipsgruppe „Hagar und Ismael." Genaue Beschreibungen vergegenwärtigen sie. In trostlosem Schmerz emporblickend, kniet die Mutter neben ihrem halb entseelten Knaben, dessen Kopf auf ihrem Schoß gebettet ist. Die „inhaltsvolle Gestaltung" und die „psychologische Motivierung" fielen sofort günstig auf. Auch die berufsmäßige

entschieden den Vorzug zu geben. Er erkannte in ihr auch schon die Neigung zu scharfer Charakteristik, freilich nicht ohne den Tadel, die Züge der Hagar seien „vielleicht etwas zu alt" und nicht „ideal" genug. Die Naturwahrheit zeigte sich — wie Ludwig Pietsch hervorhob — rückhaltloser aus dem abgemagerten Knabenkörper des Ismael. Jedenfalls spricht es ebenso für den Wert dieser nachmals in den Besitz Strousbergs gelangten Gruppe, wie für den Scharfblick Schaßlers, daß dieser seinen Bericht in der Vossischen Zeitung mit den Worten schloß: „Wir wünschen dem jungen Künstler aufrichtig Glück zu diesem seinem

Abb. 11. Das „Drama" vom Schillerdenkmal in Berlin.

Erstlingswerk und sprechen unverhohlen unsere Überzeugung aus, daß er sehr Tüchtiges leisten werde." — Auf der Akademischen Ausstellung von 1854 befand sich neben dieser Hagargruppe und einer ebenfalls gelobten Gipsbüste des kurz zuvor verstorbenen Rittergutsbesitzers Beerend, jedoch noch ein Werk, welches für die Zukunft des jungen Künstlers äußerlich wichtiger werden sollte. Bei einem Besuch im Atelier des Vaters Karl Begas hatte der König Friedrich Wilhelm IV zufällig die Gipsskizze zum Kopf eines auferstandenen Christus erblickt. Durch ihre Eigenart gefesselt, fragte er nach dem Künstler: es war eine Arbeit des jungen Reinhold, der dem König vorgestellt und von diesem mit dem Auftrag beglückt wurde, diesen Christuskopf in Marmor zu vollenden. Es ist das einzige Werk religiöser Gattung, welches Begas gemeißelt hat. Und auch bei ihm wurde er kaum von dem Wunsch geleitet, einen idealen Christuskopf zu schaffen. Vielmehr ging er dabei von völlig individuellen Zügen aus. Mit diesem Christuskopf hatte er sich auch zum erstenmale an einem Wettbewerb beteiligt, der im Dezember 1853 vom Berliner „Verein für religiöse Kunst in der evangelischen Kirche" für ein Christusmedaillon einer Begräbniskapelle ausgeschrieben worden war. Unter den siebzehn eingegangenen Arbeiten, welche die verschiedenartigsten Christustypen „von den strengen Zügen eines Olympiers bis zur Berninischen Weichheit, vom schmerzverzogenen Byzantinismus bis zur Fülle und Heiterkeit" zeigten, zählte die seine zu den besten und kam mit denen von F. Franz, dem jüngeren Drake, Albert Wolff und Wittig zur engeren Wahl; aus dieser aber war der letztere als Sieger hervorgegangen. Dieser Mißerfolg wurde durch den königlichen Auftrag glänzend wettgemacht. Bei der Kleinheit der Arbeit war dies allerdings mehr ein ideeller, als ein materieller Nutzen, doch sollte schon die nächste Zeit auch die Börse des jungen Künstlers reichlicher füllen. Das dankte er einer 1854 modellierten Gipsgruppe, deren Thema von seinem ersten Werk vollständig verschieden war. Zum erstenmale griff er hier in jene Stoffwelt hinein, die den Gestalten seiner Künstlerphantasie die glücklichsten Namen bieten sollte: in die der antiken Mythe. Er wählte die so häufig dargestellte Scene, wie „Psyche sich mit der Lampe über den schlafenden Amor beugt." Hatte er in der Hagargruppe packende Charakteristik des Unglücks geboten, so galt es hier, anmutige Jugendschönheit zu zeigen, und auch dies gelang ihm, zumal in der Gestalt der sich vorneigenden Psyche, so reizvoll, daß ihm bald von Herrn von Oppenheim der Auftrag wurde, die Gruppe in Marmor auszuführen, und zwar — in Rom.

So leitet dieses jetzt im Besitz des Freiherrn Eduard von Oppenheim in Köln befindliche Werk im Leben des Künstlers eine neue Periode ein, die auch eine solche in seiner Kunst werden sollte. Denn in den bisher erwähnten Jugendarbeiten ist noch kaum etwas, was die künftige Richtung ihres Schöpfers hätte ahnen lassen: auf dem römischen Boden aber beginnt seine kunstgeschichtliche Eigenart. Bis dahin steht Begas doch noch inmitten der großen Schar der Schüler Rauchs, freilich als einer der begabtesten — in Rom sollte er aus ihr heraustreten, auf seinen ureigenen Wegen seinen selbstgewählten Zielen entgegen.

Und diese waren andere, als deutsche Bildhauer sie sonst in Rom zu suchen und zu finden pflegten. —

Vor dem geschichtlichen Blick gliedern sich die großen Stoffgebiete: „Deutsches Künstlerleben in Rom" und „Rom in der deutschen Kunst" während des neunzehnten Jahrhunderts schon längst in zwei Hauptepochen, die aufeinander folgten: in die klassische, in deren Mittelpunkte Thorwaldsen steht, und in die romantische, von welcher Cornelius ausging. Heute tritt immer deutlicher eine dritte hervor, die etwa um die Mitte des Jahrhunderts anhebt. Will man sie persönlich kennzeichnen, so sind drei deutsche Malerfürsten zu nennen: Anselm Feuerbach, Böcklin und Lenbach. Das sicherste Schlagwort für diese Periode ist zugleich das allgemeinste der Gegenwart: Subjektivismus. Anselm Feuerbach, der in seinen Selbstbekenntnissen den besten Begleittext zu dem künstlerischen Vermächtnis dieser Zeit für alle Zukunft geschrieben, spricht unbewußt auch den eigenartigen Zusammen-

Abb. 12. Die „Geschichte" vom Schillerdenkmal in Berlin.

Abb. 13. Die „Philosophie" vom Schillerdenkmal in Berlin.

hang aus, in welchem der scheinbar in so objektiver, königlicher Ruhe beharrende Geist der ewigen Stadt zu diesem neuen Ideal der Persönlichkeit als solcher steht. Er sagt einmal: „Rom weist einem jeden diejenige Stelle an, für die er berufen ist." —

Das vermag Rom aber nur als Ganzes, durch seine unvergleichliche Größe, in der sich die Weltgeschicke monumental verkörpern, durch den gewaltigen Eindruck menschlicher Kraft, die hier so majestätisch spricht. Diese Wirkung, die den ganzen Menschen packt, ist viel wichtiger, als der Eindruck eines einzelnen Werkes, eines einzelnen Meisters oder einer einzelnen Epoche römischer Kunst. Denn nicht zur Nachahmung feuert sie an, sondern zum Schaffen; nicht auf die Bahnen anderer führt sie zurück, sondern sie stählt das ureigene Wesen. Sich ganz auszuleben, zu entfalten, was man in sich fühlt, sich selbst zur Geltung zu bringen in der höchsten Anspannung seines ganzen Seins, rückhaltlos, rücksichtslos, mit der Selbstherrlichkeit des Genies — das war die stolze Mahnung, welche die Größten unter der neuen Generation aus Roms vieldeutiger Sprache am lautesten vernahmen. Niemand mächtiger, als Arnold Böcklin und Feuerbach! Nicht fleißig schien Böcklin in diesen ersten Zeiten seines römischen Aufenthaltes; ohne Skizzenbuch durchstreifte er die römische Landschaft. Auch Feuerbach liebte es nicht, die „Natur im Vorbeigehen abzuschreiben." Und doch nahmen beide den Geist Roms in sich auf, als einen fortzeugenden Teil ihrer ureigenen Kunst. In diesen römischen Schlendertagen haben sie sich selbst gefunden. —

Ähnlich wirkte Rom auf Reinhold Begas. Er trat ihnen bald auch persönlich nahe. Zusammengeführt hat sie die Musik. Feuerbach, der im November 1856 von Florenz nach Rom übergesiedelt war, malte Begas nicht etwa mit dem Meißel, sondern mit dem — Violoncell. In Rom war damals das Haus eines deutschen Musikers, des Herrn von Landsberg, ein beliebter Mittelpunkt der deutschen Künstlerkreise, und an den Abenden im deutschen Künstlerverein spielten Musikvorträge eine große Rolle. Begas, der von Kindheit an Musik getrieben, verfügte, gleich Feuerbach, über einen vortrefflichen Tenor, und so entstand im Bund mit dem „Bassisten" Böcklin und Feuerbachs Freund, Julius Allgeyer, jenes „Gesangsquartett", welches in der Geschichte der „bildenden Künste" später so berühmt werden sollte. Auch Passini und Franz Dreber gehörten zu diesem Freundeskreis. So verkehrte der junge Bildhauer Begas in Rom intimer fast nur mit Malern und sah Rom und die Sabiner Berge, wohin die Quartettgenossen einen köstlichen Ausflug unternahmen, mit den Augen Böcklins. Damals beginnt die innere Beziehung, die zwischen den äußerlich so völlig verschiedenen Kunstweisen beider Meister herrscht. Diesen Bund konnte nur Wahlverwandtschaft schaffen, und schon er bezeugt, daß der ehemalige Rauchschüler, als er in Rom erkannte, wozu er berufen sei, von den durch Rauch bestimmten Pfaden der Berliner Plastik wesentlich abwich.

Wohl schlug er, um das Modell seiner Psychegruppe in Marmor zu übertragen, seine Werkstätte im Atelier eines Thorwaldsenschülers, Emil Wolffs, auf, der 1856 nach Berlin an Rauch schrieb, dem talentvollen jungen Künstler „werden einige Jahre Aufenthalt in Rom sehr förderlich sein." Wohl ging er in den Sammlungen antiker Bildwerke sehend und im Sehen arbeitend rastlos von Werk zu Werk, allein was er dabei in sich aufnahm, war etwas ganz anderes, als ein äußeres Muster, etwas anderes, als das Idealbild von der antiken Skulptur, wie es Winckelmann gelehrt, die ganze Zeit Goethes gepflegt und Canova, Thorwaldsen und Rauch zu neuem Leben in der Kunst erweckt hatten. Mit gleich hellem Blick, wie die Statuen der Antike, sah er die lebendige Menschenschönheit in den römischen Straßen und in der Campagna, und zwar mit den Maleraugen Böcklins.

Abb. 14. Schillerstatue in Berlin.

Leben und Bewegung, schwungvolle Kraft suchte er in den Formen, nicht aber die „stille Größe" der hellenischen Plastik im Sinne Winckelmanns und des Neuklassicismus. -- Und daß er damit nicht auch seiner Kunst, der Plastik selbst, untreu wurde, konnte ihn ebenfalls kein Ort sinnfälliger lehren, als gerade Rom. Ist es doch nicht nur die klassische Stadt der klassischen Antike und Raffaels, sondern auch die Stadt Michelangelos und die Ruhmesstätte der Barockskulptur! Don gelangten Parthenonskulpturen eine völlig andere Kunstwelt gegenübertrat, in der man den wahrsten Kern der griechischen Kunst zu besitzen vermeinte, so haben die Bildwerke von Pergamon auch diesem Bilde wiederum ein völlig anderes gegenübergestellt, dessen machtvolle, wuchtige Größe

Abb. 15. Venus und Amor nach Anakreon.

Wir haben heute, dank der epochemachenden Entdeckungen und Funde der letzten Jahrzehnte, gelernt, daß die Plastik des klassischen Altertums keineswegs ein so einheitlicher, in sich abgeschlossener Kunstbegriff ist, wie ihn das letzte Menschenalter faßte. Wie im Beginn unseres Jahrhunderts dem Apoll von Belvedere und der Mediceischen Venus, den klassischen Idealen der Renaissance, in den nach Lon- imponierend nun auch ihr kunstgeschichtliches Recht forderte und fand. Sie haben die Augen für solche Wege und Ziele der antiken Plastik eröffnet, die man zuvor unter dem milden und doch so sieghaft strahlenden Lichte der Kunst eines Phidias und Praxiteles entweder nicht beachtet oder unterschätzt hatte. Wir lernten ferner auch in der Renaissancekunst neben der noch vor wenigen Jahrzehnten allein geltenden Weise

Abb. 16. „Toilette."

der Zeit eines Raffael den herberen und doch so mächtigen Zauber der italienischen Frührenaissance bewundernd verstehen.

Eine ähnliche Entwickelung scheint sich im geschichtlichen Urteil über die römische Kunst des endenden sechzehnten und des siebzehnten Jahrhunderts zu vollziehen. Man ist heute nicht mehr blind für die Großartigkeit der römischen Barockkunst, für die packende Wucht, mit der sie ihre Gestalten vor Augen stellt, für ihre bald ins Riesenhafte gesteigerten, bald in berauschen-

Abb. 17. Susanna.

Als einen der ersten deutschen Künstler, welche dieser Wandlung des Kunsturteils vorarbeiteten und sie in künstlerische That umsetzten, wird man künftig Reinhold Begas nennen. Seine eigene Natur trieb ihn, die in der Kunstweise Rauchs streng innegehaltenen Grenzen plastischer Darstellung zu sprengen und ╎ der Wiedergabe der Menschengestalt, wie vollends des Gewandes und — im Relief — der räumlichen Umgebung, auch einen Teil der in der Malerei lebenden Wirkung dienstbar zu machen. Das konnte ihn die Plastik der Nachfolger Michelangelos in Rom glänzend lehren. Vor allem aber mußte ihn dessen eigene Titanengröße mit ihrer ganzen Wucht treffen und mit ihrem wahren „Stil", der „nach Bewältigung der unendlichen Feinheiten der Natur nur auf das Wesentliche der Formen ausgeht": ein zukunftsvolles Gegengewicht gegen eine übermäßige Hingabe an den malerischen Realismus der Barockkunst. —

Mit vollen Zügen genoß der junge Künstler auch die römische Natur, die plastische Majestät der Campagnalandschaft, die Farbenschönheit des römischen Himmels, die Formenschönheit der unter ihm geborenen Menschen, die ganze berauschende Herrlichkeit des römischen Daseins, welche die keimende Kraft eines bedeutenden Menschen bald mit Sonnenschein, bald mit Frühlingsstürmen, stets aber nach irgend einer Richtung befruchtend und stärkend fördert. —

Und dieser Genuß gipfelte in der Arbeit. In rastloser Thätigkeit nutzte er die Tage, trotz glühendster Sonnenhitze. Sein kräftiger Körper widerstand auch da, wo die Freunde erlahmten. Wenn es gar zu unerträglich heiß im Atelier wurde,

der Wollust versteinerten Formen und den grandiosen Wurf ihrer Gewänder, für die Pracht ihrer Reliefbilder; man ist nicht mehr taub gegen die dramatische Sprache, welche die Papstgräber in der Peterskirche führen, und vernimmt auch noch in ihrem Fortissimo die große Kunst und das erstaunliche Können, aus welchem sie ihre Kraft zieht. Der Vorwurf des Effektes und der malerischen Ausartung hat demgegenüber an Bedeutung eingebüßt.

setzte er, schon um den Thon feucht zu erhalten, den Estrich unter Wasser. Auf solchem „nassen" Boden ist auch das erste Werk entstanden, an welchem sich seine Kunst ganz frei entfaltete: die inhaltlich und stilistisch der Amor und Psyche Darstellung nah verwandte Gruppe „Pan, die verlassene Psyche tröstend" (s. Abb. 4). Als Passini das werdende Thonmodell zuerst sah, rief er den um des Freundes Gesundheit besorgten Genossen zu, sie sollten ihn nur arbeiten lassen, was er da unter den Händen habe, sei der Mühe wohl wert: es sei ein Meisterwerk! Und als ein solches erscheint es in der That noch heute, allen seinen übrigen Schöpfungen gegenüber von einem besonderen Reiz! —

Auf Felsgestein gelagert, wendet sich der Waldgott mit freundlichem Zuspruch der um den Verlust des Geliebten trauernden Psyche zu, die, von seiner Linken leicht umfaßt, dicht vor ihm sitzt. Köstlich ist der Gegensatz beider Gestalten: die lässige Bequemlichkeit des Pan und die echt kindlich verschämte Steifheit in der Haltung des betrübten Mädchens, welches die vom leichten Gewand umhüllten Beine aneinander preßt und die Linke, wie um eine aus dem Auge perlende Thräne zu trocknen, zu dem ge-

Abb. 18. Nach dem Bade.

senkten Köpfchen erhebt, während die Rechte zum Schoß herabgesunken ist. Wie schelmisch reizend und liebenswürdig ist diese Situation! Ein einsames Vögelchen, das bei einem berüchtigten Vogelsteller Schutz sucht! Allein diesmal meint dieser — wie auch Apulejus in seinem feinen Märchen selbst bestätigt — es ganz ehrlich. Nicht ohne Behagen findet er sich in seine halb väterliche Rolle. Sein krausgelocktes Haupt, in dessen Knochenbau und Bartwuchs die Natur seiner unteren Extremiräten nur leise und garnicht uneben anklingt, hat einen sorglichen, gutmütigen Ausdruck, den die sprechend erhobene Rechte unterstützt. Und diese knospende, so ganz in ihr Leid versunkene Mädchengestalt kann selbst für einen Pan in diesem Augenblick nur das trostbedürftige Kind sein. Ungemein fein ist die Bewegung der Linken des Gottes, die den zarten Mädchenleib unterhalb der Schmetterlingsflügel nur ganz sacht, wie ein gar zerbrechliches Ding, umschließt. Leicht, gleich einem duftigen Hauch, schwebt über dieser Gruppe das Sinnenleben. Das reinste, wie das unkeusche Auge müssen hier dasselbe, echt künstlerische Bild sehen. — Und dieses ist von einer bei der Jugend seines Meisters doppelt erstaunlichen Reife. Vortrefflich schließt sich die Linienführung des Ganzen zusammen, und die Gegensätze bei der Gestalten kommen in jeder Hinsicht zur Geltung. Einem wettergebräunten Hirten der Campagna scheint der muskulöse Oberkörper des Pan anzugehören, und er bildet dadurch die drastische Folie zu den weichen, zarten Formen des wohlgepflegten Mädchenleibes; dem bärtigen Janusgesicht gegenüber erscheint das wie eine Blume leicht geneigte Antlitz der Psyche doppelt lieblich; von dem zottigen Fell hebt sich das Gewand um so feiner ab. Ohne Berechnung, gleichsam unbewußt, und gerade deshalb so eindrucksvoll, ist in dieser Gruppe alles, was der Stoff an künstlerischem Reiz bietet, in der glänzendsten Weise verwertet. — Allein dies kennzeichnet noch nicht ihren Hauptwert in kunstgeschichtlichem Sinne. Dieser beruht vielmehr in der Formenbehandlung, in der Art, wie hier das wirkliche Leben beobachtet und wiedergegeben ist. Darin sind Brust und Schultern, Arm und Rechte des Pan gerade zu mustergültig, und nicht minder trefflich ist der Oberkörper der Psyche durchgearbeitet. Zu derselben Zeit entstand, Wand an Wand mit diesem Werk, das erste Meisterstück eines französischen Stipendiaten, der in manchem Sinne zu einer ähnlichen Rolle berufen war, wie Begas: Carpeaux' Statue des neapolitanischen Fischers mit der

Abb. 19. Phryne.

Muschel, diese köstliche und dabei doch so graziöse Altfigur. Als er sie nach Paris schickte, vermißte der akademische Rat an ihr bei aller Anerkennung doch die „rechte Verbindung von Schönheit und Wahrheit!" — Dieses Urteil entspricht ungefähr auch der Stellung, welche die bei den Schülern Rauchs herrschende Kunsttheorie der Begasschen Arbeit gegenüber einnahm. Denn schon hier bahnt sich die Trennung des jungen Bildhauers von der heimischen Schule unverkennbar an. Um sie heut richtig zu würdigen, muß man sich freilich in die Entstehungszeit dieses Werkes zurückversetzen und in die besonders durch Rauchs Schüler reich bevölkerte Gestaltenwelt der damaligen Nymphen und jungfräulichen Idealfiguren. Dann erst begreift man, warum diese Gruppe, als sie im Herbst 1858 durch die Berliner Akademische Kunstausstellung allgemein bekannt wurde, so großes Aufsehen erregte, warum Ludwig Pietsch, der damals seine Recensententhätigkeit für die Haude- und Spenerische Zeitung begann, nicht nur als Jugendfreund des Meisters, sondern als Kritiker dieses Werk in so hellen Tönen pries. Auch noch in unseren Tagen hat diese Jugendarbeit — sie ist im Besitz des Herrn Robert von Mendelssohn in Berlin — ihren Ruhm auf den beiden Jubiläumsausstellungen von 1886 und 1896 glänzend verteidigt. Aber in der so gänzlich veränderten Umgebung, zwischen den modernen Werken, wirkte ihr früher so auffälliger „Naturalismus" fast noch schüchtern, noch knospend und zaghaft, und deutlich vernimmt man heute aus ihr noch den Nachklang an den Neuklassicismus. Auch in dieser Hinsicht entspricht sie in eigenartiger Weise den frühen Arbeiten Böcklins, dessen ganzer Schaffenssphäre sie ja auch inhaltlich so nahe steht. In der That könnte man sich für diese beiden Figuren keinen geeigneteren Hintergrund denken, als eine Böcklinsche Landschaft. —

Dieselbe würde gleich gut auch zu einem zweiten Werk stimmen, dessen vortreffliche Thonskizze an dem gleichen Tage,

Abb. 20. Brunnenfigur.

wie die zur Psychegruppe, entstand, und wie das Gegenstück zu ihr anmutet. Ja hier wählte Begas sogar noch unmittelbarer den gleichen Stoff, der damals auch die Farbenphantasie seiner beiden Freunde beschäftigte. Böcklin legte in diesen Tagen die letzte Hand an das Gemälde, dessen Verkauf ihm die Rückkehr in die Heimat ermöglichen sollte, an den „flötenspielenden Pan im Schilf", Feuerbach aber malte die Gruppe eines antiken Flötenbläsers mit einer ruhenden Nymphe, die Begas besonders bewunderte. Und er selbst modellierte ebenfalls ein Genrebild aus dem Leben der musikliebenden Panisken: einen Pan, welcher einen Knaben das Flötenspiel lehrt (s. Abb. 5). An Liebenswürdigkeit steht es der Psychegruppe nicht nach. Ganz ähnlich wie dort ist der Waldgott gelagert, aber diesmal ist es ein Geschöpf seines eigenen Geschlechtes, dem er seine väterlich freundliche Aufmerksamkeit zuwendet, ein allerliebster Bub mit rundlichen Ärmchen und Beinchen, der kräftig die Backen aufbläst, während der Lehrmeister seine Händchen über die Schalllöcher der Flöte führt: das erste in der Reihe jener köstlichen Darstellungen der Kinderwelt, die einen besonders reizenden Bestandteil im Lebenswerk des Meisters bilden sollten. Gleich schelmisch und naiv ist auch die Gestalt des kleinen Amors, der in einer dritten in winzigem Maßstabe in Marmor ausgeführten Gruppe dieser Zeit einer Nymphe als verstohlener Liebesbote gesellt ist. Den Pfeil hinter dem Rücken bergend, flüstert er ihr zärtliche Worte zu und spielt dabei schalkhaft mit ihren Locken, die unter schwerem Blattkranz

Abb. 21. Venus auf dem Taubenwagen.

herausquellen. Die Nymphe selbst ist in ihrer unschuldigen Verschämtheit der Psyche verwandt. — Das vierte Werk dieser römischen Tage, das so recht deren üppigen Lebensgenuß spiegelt, ist die Marmorstatue eines Bacchusknaben, der an seinen Lieblingsfrüchten gar schwer zu tragen hat (s. Abb. 6). Mit beiden Händen schleppt er die Trauben daher und dicht, wie am sonnenbestrahlten Rebengelände, hängen sie ihm auch in Haar und Stirn hinein. Es ist ein echtes Winzerkind, denn seine Glieder sind weich und schwellend, schon fast aufgeschwemmt. In der selbstverständlich noch völlig eigenhändigen Behandlung des Marmors bewährt der junge Künstler an diesem Werk schon eine große Fertigkeit. Dasselbe wurde zunächst von Strousberg erworben und befindet sich jetzt im Besitz des Herrn Julius Bleichröder zu Berlin.

Das Reich des Pan und des Bacchus, der Gestalten voll Lebenskraft und Lebenslust, in welche die Phantasie der Hellenen den frischen Atemzug der Natur so sinnfällig zu bannen weiß — das ist die Welt, die der Stimmung des jungen Bildhauers in Rom am ehesten entsprach, und die geschilderten vier Werke, die ihr entstammen, waren wohl geeignet, seinen Namen in seiner Heimat auf der Herbstausstellung von 1858 schon rühmlich zu vertreten, nachdem er kurz zuvor selbst dorthin zurückgekehrt war.

Inzwischen hatte bereits die vorangegangene Ausstellung von 1856 seine

Fähigkeit auch auf einem anderen Stoffgebiet bewährt, welches in ähnlicher Weise, wie jene Böcklinscher Phantasie nahen Gestalten, seinen künftigen Ruhm zeitigen sollte: in der Porträtbildnerei. Neben einem weiblichen Reliefbildnis stand dort von Begas die Büste Philipp August Böckhs, die er 1855 modelliert hatte, als der berühmte Philologe und Altertumsforscher seinem Bruder, dem Maler Oskar Begas, für ein Porträt saß. Nicht minder fest und kräftig ist hier die Individualität erfaßt, wie die der römischen Modelle in jenen antik benannten Gruppen. Und auch hier kündigte sich, besonders in der Wiedergabe der Mundpartien, ein schärferer Naturalismus an, als er in der Porträtplastik der Rauchschen Schule damals hergebracht war.

Die Aufnahme seiner ausgestellten Arbeiten bei Kritik und Publikum war günstig genug, denn sie trugen dem jungen Bildhauer die kleine goldene Medaille ein. Aber diese ersten Berliner Zeiten sollten zunächst die Sturm- und Drangperiode seines Genies werden.

Dieselbe steht fast völlig im Zeichen der Barockkunst. Das ist innerhalb seiner Entwickelung ein neues Moment. So selbständig immer seine römischen Werke erscheinen: ihr lebensprühender Naturalismus hatte noch nichts von der wuchtigen, dramatisch gesteigerten Auffassung und der Formenfülle, wie sie die Plastik des siebzehnten Jahrhunderts in Rom liebte und wie sie in Berlin selbst vor allem in Schlüters Meisterwerken vor Augen stand. An diesen

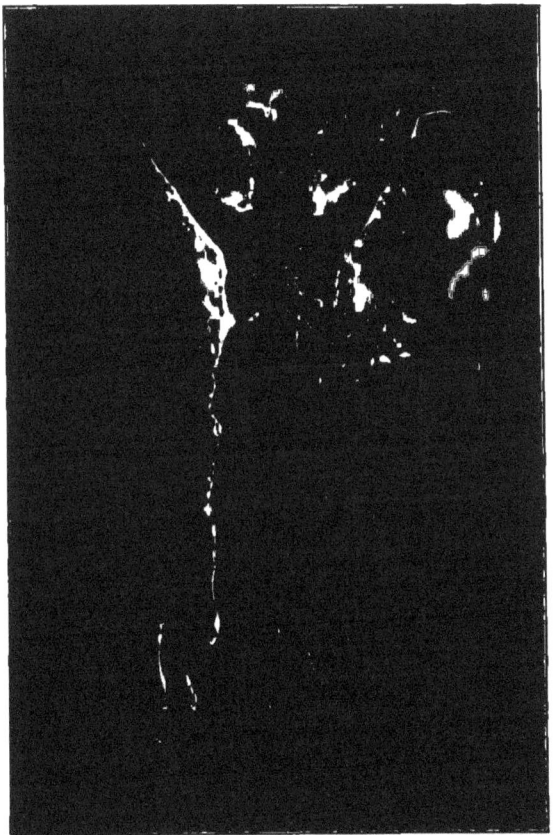

Abb. 22. Koloſſalfigur von 1878.

ging man damals dort ziemlich achtlos vorüber. Dem an die neuklassische Ruhe und an den monumentalen Formenadel Rauchs gewöhnten Blick mußten sie bei aller Größe wenigstens teilweise noch als Verirrungen der Skulptur erscheinen, und vollends ihren rein dekorativen, von geringeren Händen ausgeführten Arbeiten schenkte man keine Beachtung. Dazu zählen die großen Gruppen, welche die Attika des Berliner Zeughauses bekrönen. Diese aufgehäuften Trophäen, diese Krieger und Sklaven und Götter, sind keine künstlerisch vollendeten Schöpfungen. Sie sind derb und flüchtig behandelt, nur auf die Fernwirkung berechnet. Allein sie bekunden eine ins Große gehende Gestaltungskraft, die sich ihrer Wirkung und ihrer Mittel voll bewußt ist; sie haben einen guten Wurf, der denn doch wohl auf Schlüters eigene Skizzen zurückgeht, mag auch die Ausführung anderen, besonders dem effektvoll arbeitenden französischen Bildhauer Hulot, angehören. Aus diesen Gruppen muß Begas einen Ton vernommen haben, den er in den Barockskulpturen Roms zuerst gehört und der in ihm selbst einen kräftigen Wiederhall fand — so mächtig, daß er ihm bei dem ersten öffentlichen Auftrag, der ihm zu teil wurde, rückhaltlos folgte. Als es galt, die von Hitzig erbaute Berliner Börse mit Bildwerken zu schmücken, gedachte man des neuen Talentes, das auf den Berliner Ausstellungen von sich reden gemacht hatte, und Reinhold Begas wurde berufen, um der stolzen Front des Gebäudes über der Mitte der Attika den krönenden Abschluß in einer figurenreichen Freigruppe zu schaffen (s. Abb. 7). Das Thema war in der üblichen allegorischen Form gefaßt: Borussia als Schützerin von Handel, Ackerbau und Industrie. Die Auftraggeber mochten wohl ähnliche, formenschöne Gestalten erwarten, wie sie die Rauchsche Schule für Aufgaben dieser Art in fast ermüdender Fülle geliefert hat, und wie sie sowohl an den Einzelstatuen über dieser Attika, den Figuren der Länder, Staaten, Provinzen und Handelsstädte von Tondeur, Fischer, Franz, Wittig, Afinger und anderen, wie besonders an den feinen Friesreliefs, in geschmackvoller Behandlung der Stilweise dieser Front so harmonisch entsprechen. Allein was Begas bot, durchbricht diese Harmonie wie ein dröhnender Kriegsruf.

Schon der Rhythmus seiner Klänge weicht von der in Rauchs Schule herrschenden klassischen Lehre vollständig ab. Kein streng pyramidaler Aufbau ist für diese Krönungsgruppe gewählt. Wohl ragt die Mittelfigur mächtig dominierend auf, aber sie streckt ihre schützenden Arme fast vollständig wagerecht aus. Und die Gestalten neben ihr sind in ihrer Größe keineswegs allmählich abgestuft. Vielmehr folgen zunächst zwei tief am Boden Sitzende, dann wieder je zwei viel höher Postierte. Der Gesamtumriß senkt sich also von der Mitte nach den Seiten hin zuerst tief herab, um dann wieder emporzusteigen. Das mußte für die damalige an antiken Giebelskulp-

turen gewonnene Schulung wie eine Sünde am Geiste der Aufgabe selbst erscheinen. Man vergaß dabei ganz, daß es sich hier ja nicht um eine immer reliefartig wirkende figürliche Füllung eines Giebelfeldes handelt, sondern um eine freie Krönung, deren Linienfluß, im Gegensatz zu der Horizontalen der lang gestreckten Attika, lebhafte Bewegung sehr wohl verträgt. Die malerische Wirkung, die hierbei die streng plastische Geschlossenheit ersetzt, ist hier, wo sich die Figuren vor dem Himmel, nicht aber vor einer Giebelwand abheben, durchaus berechtigt, und Grund zum Tadel kann sie nur demjenigen geben, der fast die gesamte Plastik der Spätrenaissance, der Barockzeit und des Rokoko als einen prinzipiellen Irrtum ansieht. — Noch ungewohnter aber, als ihr Rhythmus, mußten allerdings die hier angeschlagenen Töne selbst berühren. Hochpathetisch ist die Haltung der Borussia. Kein milder Segen ist es, den sie erteilt, wie etwa Rauchs Genius von Belle-Alliance am Kreuzbergdenkmal zu Berlin, der vielleicht am besten vergegenwärtigt, wie Rauch diese Hauptfigur der Börsengruppe wohl aufgefaßt hätte. Theatralisch mag man wohl diese Art von Bewegungen nennen, allein sie haben den Vorzug drastischer Verständlichkeit und, im gegebenen Fall, eine künstlerisch höchst willkommene Wirkung für sich. Denn diese ausgestreckten Arme vermitteln vortrefflich zwischen den bewegten Konturen der übrigen Gestalten, und die Wucht dieser Bewegung stimmt auch zu deren Charakter. Riesen sind es, Enakssöhne mit ungeschlachten Gliedern, dieser Neger mit dem Ruder und der neben dem gezahnten Maschinenrad sitzende Arbeiter, nicht minder ihre Genossen, von denen der eine, links, sich auf einen Anker stützt, der andere, rechts, mit dem Hammer zum Schlage ausholt. Auch sie sind malerisch komponiert, nicht nur im Hinblick auf die architektonischen Grundlinien, welche von den herabhängenden Beinen zum Teil überschnitten werden, sondern auch in ihrer eigenen Haltung. Und so wuchtig sind ihre Glieder, daß ihre Lage durch ihre eigene Schwere unmittelbar bestimmt scheint, als durch zweckbewußten Willen. So lasten auch die wulstigen Falten des Gewandes stark und nicht immer motiviert auf dem Körper der Borussia. —

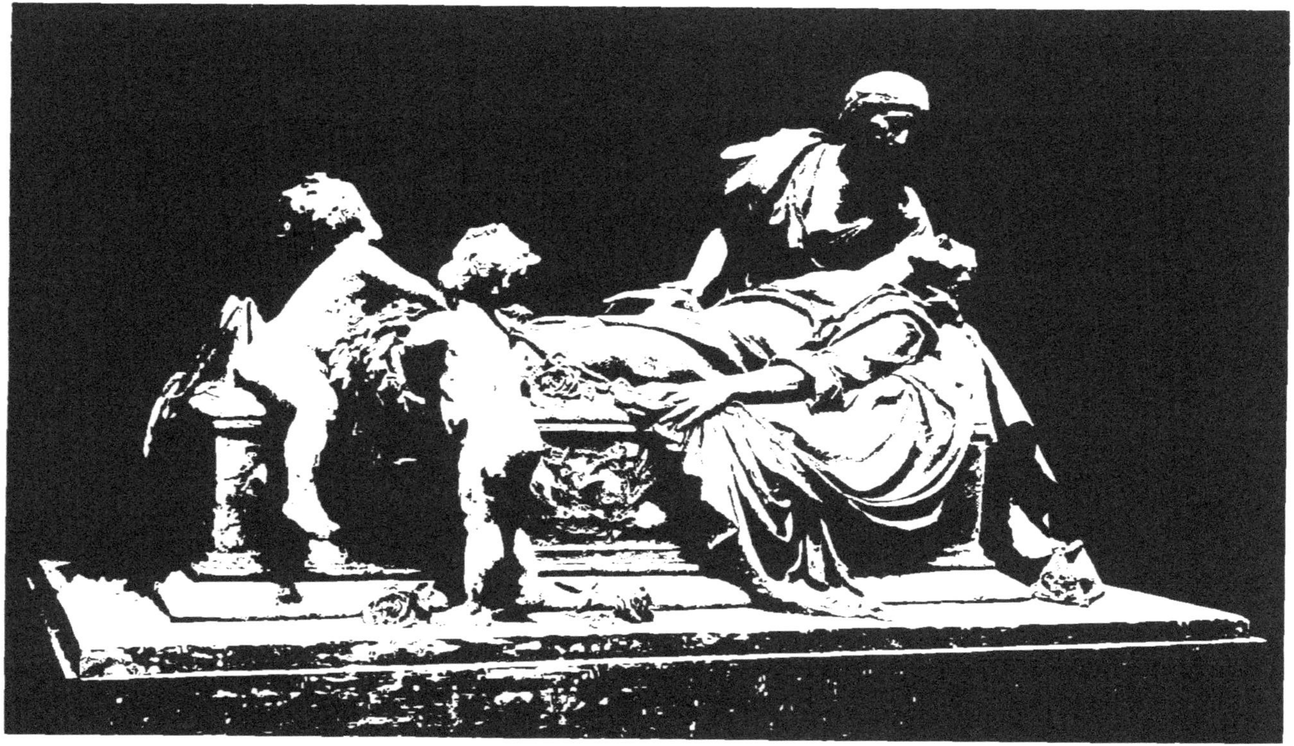

Abb. 23. Modell zum Stroßberg'schen Grabdenkmal.

Abb. 24. Modell zum Denkmal Wilhelm von Humboldts.

Der Plastik Rauchs stellte sich hier eine völlig andere Gestalten- und Formenwelt trotzig gegenüber. Mißachtet oder vergessen ist alles, was die Skulptur in der ersten Hälfte des Jahrhunderts den antiken Bildwerken entnommen und als unzerstörbare Lehre wiedergewonnen zu haben glaubte. Selbst bis in die Detailausführung geht dieser Gegensatz. Sie erscheint auch in dem roten Sandstein des Originales vielfach nur skizzenhaft und flüchtig. Ein guter Rauchschüler hätte die Durcharbeitung der Formen da, wo der Meißel hier endgültig abgesetzt hat, überhaupt erst angefangen. —

Begreiflich, daß sich gegen dieses Werk lauter Widerspruch erhob, der bald zu heftigem Angriff anschwoll. In der That läßt sich auch heute noch nicht leugnen, daß der Künstler hier in jugendlichem Ungestüm über das rechte Ziel weit hinausschoß, zumal im Hinblick auf den architektonischen und ornamentalen Gesamtcharakter des zu schmückenden Gebäudes. Allein dadurch darf sich das Urteil über seine eigene Leistung nicht allein bestimmen lassen. Ein neues Element ist es, das hier nach Ausdruck ringt, noch störrisch, aber schon mit jener Macht, die den künftigen Sieg verbürgt. Von nun an war es ausgemacht, daß der Rauchschen Schule in Berlin ein schwerer Kampf bevorstand, daß Reinhold Begas in ihr „die Rolle des Hechtes im Karpfenteich" übernommen habe. Er selbst hatte hier den Rauchianern und ihren litterarischen Vorkämpfern den Fehdehandschuh hingeworfen, ohne bedächtige Präliminarien, nur auf seine eigene Stimme hörend. Diese aber muß er denn doch gebieterisch genug in sich vernommen haben, denn für ihn, den damals fast Mittellosen, hieß solches Vorgehen zunächst ein Verzicht auf eine Fülle von Aufträgen, die dem talentvollen Rauchschüler anderenfalls gesichert gewesen wären. Heute, nach errungenem Sieg, erscheint die Art, wie er seinen Weg beschritt, kühn und rühmlich. Er gab sich rücksichtslos wie er war. Das verkündet auch in der Kunstgeschichte das Bewußtsein einer großen Kraft. Vielleicht war jene vielfach verfehlte Börsengruppe nur deren unwillkürliche Bethätigung, vielleicht nur ein Versuch, und sein Ziel stand ihm damals selbst noch nicht klar vor Augen. Aber schon die nächste Zukunft sollte ihm diese Klarheit bringen und das Kraftgefühl

Abb. 25. Modell zum Denkmal Alexander von Humboldts.

in feste Bahnen leiten, der Mahnung des Dichters gemäß:

„Wer da fährt nach großem Ziel,
Lern' am Steuer ruhig sitzen,
Unbekümmert, ob am Kiel
Lob und Tadel hoch aufspritzen." —

Vorerst hatte er 1860 zwei Werke ausgestellt, welche seinen Naturalismus in minder revolutionärer Weise zur Geltung brachten, als die Börsengruppe. Das eine war die Büste des Generals der Infanterie von Peucker. Dieselbe war ursprünglich

Abb. 26. Die „Wissenschaft." Seitenrelief vom Humboldtdenkmal in Berlin.

dem Bildhauer Kiß aufgetragen worden, doch dieser hatte die nur sehr spärlich bezahlte Arbeit nicht ungern dem jungen Begas überlassen. Sie wurde dessen erstes Bronzewerk und bewahrte die ganze Frische des lebensvollen Thonmodelles, da er sie auch im Bronzeoriginal eigenhändig überarbeitete. Die gerade in Bronzenachbildung so stark stilisiert wirkende Glätte der aus Rauchs Werkstatt hervorgegangenen Porträtköpfe ist hier zum erstenmale ganz vermieden.

Das zweite neben diesem Bildnis auf der Kunstausstellung sichtbare Werk aber war eine Gipsgruppe, in welcher inhaltlich der Böcklinsche Charakter der römischen Arbeiten, formal die naturalistische Auffassung und der Schwung einzelner Figuren der Börsengruppe herrschten. Sie bot wiederum ein reizendes Genrestück aus der Welt der Faune, diesmal ein Familienbild. Und wieder spielt dabei Flötenmusik eine Rolle. Der alte, auf einem Felsblock sitzende Faun läßt sie erschallen und die junge Mutter ihren strammen Sprößling auf ihren Schultern zu diesen Klängen tanzen. Jauchzende Lust äußert sich in der fast stürmischen Bewegung dieses üppigen Frauenleibes. Hier bricht zum erstenmal die Sinnlichkeit durch, wie sie in der weiblichen Gestaltenwelt des Künstlers fortan so häufig herrschen sollte. Dennoch fand diese Gruppe weit mehr Beifall, als das für die Börse bestimmte Modell. —

Reinhold Begas galt in dieser Zeit schon als einer der hervorragendsten Berliner Bildhauer; immerhin aber mußte es ihm selbst als ein unerwartetes äußeres Glück erscheinen, daß sich ihm schon jetzt der Weg zu einer gesicherten Lebensstellung bot. Er sollte ihn freilich an eine Stätte führen, die seinen bisherigen Idealen gänzlich fern lag; und es war fast vorauszusagen, daß er dorthin nicht recht gehöre. Er, der resolute Vorkämpfer des Barock-

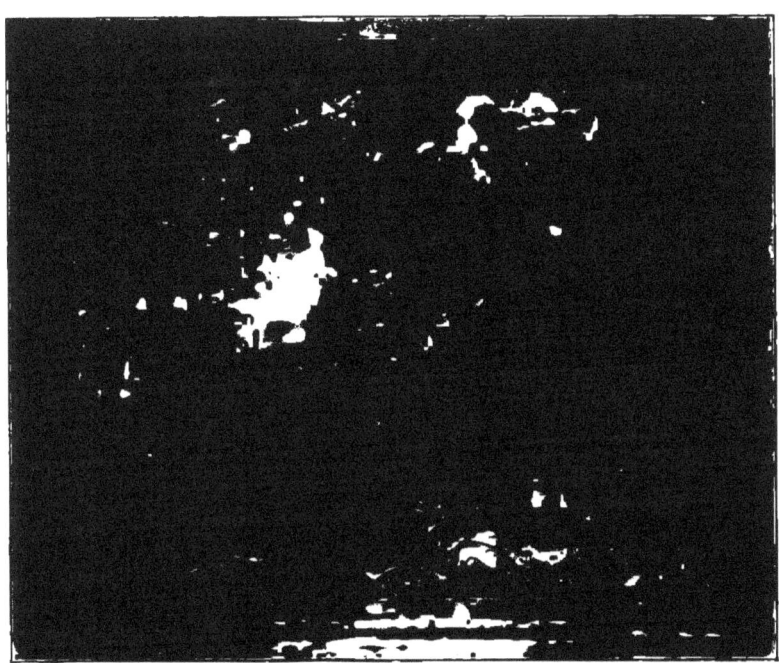

Abb. 27. Die „Natur." Seitenrelief vom Humboldtdenkmal in Berlin.

stiles, der stürmische Realist, erhielt einen Ruf in die Stadt der klassischen Musen: nach Weimar! Scheint es doch, als hätten sich gegen diese Wahl die Manen des Weimarer Olympiers drohend erheben müssen. Allein auch die übrigen Berufungen, welche damals an die dort 1860 neubegründete großherzogliche Kunstschule erfolgten, schienen fast geflissentlich neue Kräfte zu bevorzugen, die anderes versprachen, als die Schulung der schon altbewährten Meister bieten konnte. Und diejenigen, auf welche diese Wahl gefallen war, mußten auch Begas zu deren Annahme veranlassen. Vor allen anderen war es der geistesverwandte Hauptgenosse der römischen Tage, Böcklin, neben ihm Lenbach. Ursprünglich hatte man die Schule nur auf die Malerei beschränken wollen, dann aber auch die Bildhauerkunst hinzugezogen. Die Professur hierfür bot man Begas an, und im März 1861 siedelte dieser nach Weimar über. Das

dortige Wirken der Freunde war aber nur von sehr kurzer Dauer. Lenbach und Böcklin schieden von ihm noch früher als Begas, und auch dieser kehrte im Frühjahr 1863 nach Berlin zurück, weil er in Weimar „alle Bedingungen vermißte, welche zum Gedeihen, ja zur Existenz einer Bildhauerschule die ersten und notwendigsten sind." Mißliche persönliche Dinge kamen hinzu, und was dieses Jahr 1862 in seiner künstlerischen Entwickelung bedeutet, steht zu seinem Aufenthalt in Weimar in keinem Zusammenhang, ja es zeigt ihn dem dort waltenden Geiste ferner, als je.

Denn dieses Jahr gab ihm Gelegenheit, seine eigene Kunstweise gegen zahlreiche Hauptmeister der hergebrachten Richtung öffentlich siegreich zu verteidigen. Zwei bedeutende Konkurrenzen boten sie, von denen die eine ihm den ersten Preis, die andere, freilich nach langen Zwischenstadien, den ersten großen Auftrag bringen sollte. Die erstere war der von der Stadt

Abb. 28. Denkmal Alexander von Humboldts in Berlin.

lern — Reinhold Begas für ein Modell, das auf der Fahrt in Stücke zerbrochen und dann von dem Künstler in Köln selbst in einem einzigen Tage mit Hilfe eines Formers unmittelbar in Gips zum Teil erneut wurde (s. Abb. 8). Dem Friedrichsdenkmal Rauchs steht es ähnlich gegenüber, wie die Vorsengruppe: das erste Anzeichen dafür, daß auch in der allgemeinen Kunstanschauung eine Wandlung bevorstand! Der klassische Geist, welcher die gesamte deutsche Plastik in der ersten Hälfte unseres Jahrhunderts durchweht, ist in diesem Entwurf völlig entschwunden und an seine Stelle wiederum derjenige der Barockkunst getreten. Auch hier ging der junge Künstler wohl über das rechte Maß

Köln ausgeschriebene Wettbewerb für ein Reiterstandbild Friedrich Wilhelms III. Eine Reihe der schon damals oder später hervorragendsten Bildhauer beteiligte sich an ihm, so Bläser, Drake, Cauer, Franz Schievelbein, Wredow und Zumbusch. Die meisten von ihnen gehörten unmittelbar der Schule Rauchs an, und auch ihre Modelle trugen ihre Abkunft von dem Berliner Friedrichsdenkmal deutlich zur Schau. Aber nicht siegreich. Denn von ihnen allen wurden nur drei, die von Schievelbein, Bläser und Zumbusch, mit geringeren Preisen bedacht. Den zweiten Preis erhielt der Kölner Bildhauer Mohr für einen mehr architektonischen, im Renaissancestil gehaltenen Entwurf, den ersten aber — die immerhin beträchtliche Summe von dreitausend Thalern hinaus, allein diesmal geschah es mit so großartiger Schwungkraft, daß er auch die Preisrichter mit sich fortriß. In die zahme Gestaltenwelt, in welcher die Rauchianer, ohne die Größe und Vornehmheit ihres Meisters zu erreichen, Aufgaben dieser Gattung zu verkörpern pflegten, schallte der Grundton des Begasschen Werkes wie das Gebrüll eines jungen Löwen hinein, und man spürte doch, daß hier der deutschen Monumentalplastik etwas geboten werde, was ihr damals am meisten fehlte, das, was ihr nach den Worten eines der feinsinnigsten Historiker der modernen Kunst „alle bisherige Fülle der Ideen und Vorbilder nicht ersetzen konnte: das bestialische Element der Zeugungs- und Schöpferkraft."

Schon auf den ersten Blick packt in diesem Begasschen Entwurf die trotz aller malerischen Überschneidungen doch so plastisch wirkende Geschlossenheit. In wuchtigen, großen Formen ragt die Reiterstatue über dem niedrigen Postamente auf, über dessen breit abgetrepptem Sockelglied vor den Ecken vier Löwen ruhen. Die Gestalt des Königs umwallt der Hermelinmantel in mächtigen Falten. Am bezeichnendsten ist der Figurenschmuck des seitlich mit symbolischen Reliefs gezierten Sockels selbst. Rauch und seine Schule hatten den dortigen Bildschmuck dem architektonischen Elemente untergeordnet, die Menschengestalt, bald sitzend, bald stehend, stets aber in ruhiger Haltung dem tektonischen Organismus angegliedert, nicht selten wohl auch dessen statische Funktion unmittelbar in sie gebannt, wie es die antike Kunst in ihren Karyatiden und Atlanten lehrte. Das war der denkbar größte Gegensatz zu der dem organischen Leben selbst entnommenen Art, in welcher an Schlüters Kurfürstendenkmal die Sklaven, an das Postament gefesselt, gleich lebenden Wesen sich winden. Da herrscht die natürliche Bewegung. Diesem Princip ist Begas gefolgt. Riesenhafte nackte Männergestalten, Brüder jener Enakssöhne der Börsengruppe, pressen sich an den Sockel, je zwei — auch dies ein völlig neuer Gedanke! — an den Ecken zu einer Gruppe dicht vereint. Aber nicht als gefesselt erscheinen sie unter dem Triumphator, sondern als freiwillige Unterthanen des gekürten Königs, mit ihren gewaltigen Nacken und Armen die Krönungsplatte des Postamentes stützend. So gelangt hier zugleich auch die statische Funktion zum Ausdruck. Begas wollte, seinem Begleitschreiben gemäß, ein aus der altgermanischen Geschichte wohlbekanntes Bild verkörpern: den von seinem Volk auf den Schild erhobenen Herrscher. Aber die Träger sollen auch zugleich „die acht Provinzen des Reiches vergegenwärtigen," nicht, wie sonst Brauch, in weiblicher, sondern in männlicher Gestalt, da „das männliche Element sowohl dem Gedanken, als auch dem Begriff der gewaltigen Last der Reiterstatue besser entspricht, welche zugleich ganz materiell auf den Schultern der Träger zu ruhen scheint." Aus diesen Worten klingt der Wunsch, das Gebilde der Künstlerphantasie, die nur in Formen dichtet, inhaltlich und verstandesmäßig zu rechtfertigen. Dies ist selbstverständlich unmöglich. Vor der nüchternen Logik bleibt ein Reiter auf einem schmalen Postament an sich ein Unding, um wieviel mehr vollends, wenn die Bodenplatte, auf welcher das Roß schreitet, von acht Männern ge-

Abb. 29. Frontrelief des Humboldtdenkmals in Berlin.

Abb. 30. Stiergruppe vom Schlachthaus in Budapest.

tragen wird! Allein einer solchen logischen Rechtfertigung bedarf es auch nicht. Sie ließe sich ebensowenig an Rauchs Friedrichsdenkmal durchführen. Ein reales Abbild der Wirklichkeit wird man in einem Monument dieser Art niemals sehen und ihm vielmehr sofort seine eigenen Lebensgesetze zubilligen. Das gehört zu der souveränen, mächtigsten Kraft der Künstlerphantasie. Mit ihr hat auch der Begas'sche Entwurf die Preisrichter gewonnen. Wenn er trotzdem nicht zur Ausführung bestimmt wurde, so geschah dies nicht wegen jener logischen Widersprüche, sondern weil man sich dieser fast wilden künstlerischen Formensprache selbst noch nicht anzuvertrauen wagte, weil man vor ihr zurückschreckte und bei solchen Entscheidungen lieber den bewährten Mitteln, als dem Sturm und Drang eines neuen Genies zu folgen pflegt. Dessen Zeit war noch nicht gekommen. Wenn ein Kölner Kritiker dieses Modell als „skulptorischen Schwindel" bezeichnete, so ist dies freilich nur ein Armutszeugnis für den Schreiber selbst, allein wenn Cornelius 1863 hier vor „mißverstandener Michelangelester Überschwenglichkeit" warnte, die am wenigsten für Köln passe, so war dies von seinem Standpunkt aus wohlberechtigt. Was man in Köln wollte, das hat der dort aufgewachsene Gustav Blaeser in seinem auf Grund einer zweiten Konkurrenz gewählten Denkmal glücklich geboten. — Die Erinnerung an diese Konkurrenz ist bald geschwunden, die zweite aber, an welcher sich Begas von Weimar aus beteiligte, und aus welcher er ebenfalls als Sieger hervorging, hat in der deutschen Kunstgeschichte noch lange sichtbare Furchen gezogen: es ist der Wettbewerb um das Berliner Schillerdenkmal.

In mannigfacher Hinsicht ist er denkwürdig geblieben. Seit der sechzigjährige Werdeprozeß des Friedrichsmonuments seinen Abschluß gefunden, war in Berlin kein Denkmal entstanden, dessen äußere und innere Geschichte, über die Atelierräume hinausgreifend, die öffentliche Meinung stärker beschäftigt und erregt hätte. Das Schillerdenkmal aber bezeichnet einen Markstein schon innerhalb der Entwicklung des Berliner Kunstlebens selbst. Die mit ihm verbundenen principiellen und persönlichen Streitfragen wurden Tagesfragen, über die der Wortkampf auch in allen irgendwie an geistigen und künstlerischen Dingen interessierten Gesellschaftsschichten in Gespräch und Schrift oft mit leidenschaftlicher Heftigkeit geführt wurde.

In der ersten Phase der Denkmalsangelegenheit bezog sich dieser Streit keineswegs nur unmittelbar auf die künstlerische Seite der Aufgabe. Dem ganzen Ton der damaligen Geistesaristokratie entsprechend,

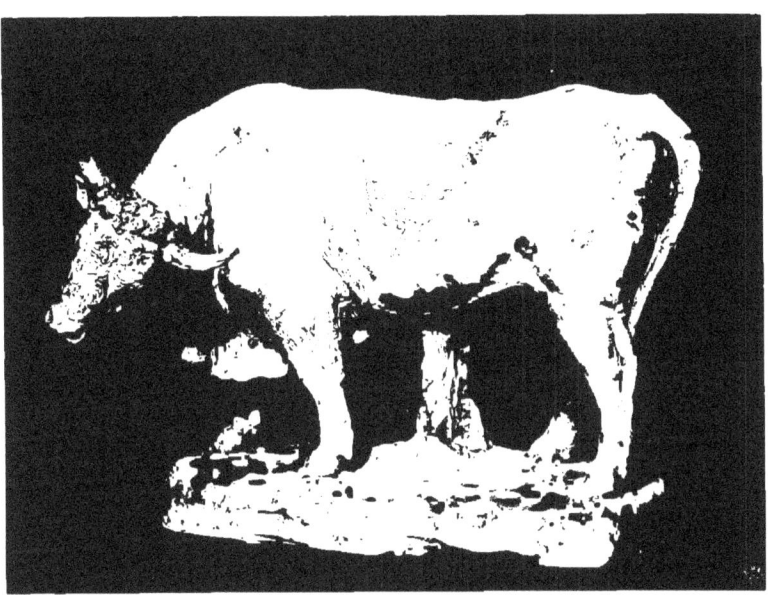

Abb. 31. Studie zur Stiergruppe für das Schlachthaus in Budapest.

stand vielmehr zunächst die inhaltliche Bedeutung des Werkes im Vordergrund. Knüpft sich an dieses doch sogar ein gehaltvoller Meinungsaustausch nicht nur über das Wesen Schillers und seiner Kunst, sondern auch über seine geschichtliche Stellung zu Goethe und zu Lessing!

Zu solchen Erörterungen hatten allerdings schon die Säkularfeste der deutschen Dichterheroen allerorten Anregung genug geboten, und diese waren es auch, welche die Errichtung des Schillerdenkmals in Berlin unmittelbar veranlaßten. Denn die preußische Hauptstadt mochte nicht hinter den deutschen Schwesterstädten zurückstehen, in denen sich damals Goethe- und Schillerdenkmäler zahlreich erhoben. Eine Zeitlang schien es sogar, als solle in Berlin dieser Ehrenpflicht gleichzeitig und an dem gleichen Platz genügt werden. Im Hinblick auf die hundertste Wiederkehr von Schillers Geburtstag war dort zur Erinnerungsfeier ein Centralkomitee gebildet worden, dem durch die Zuschüsse aus der königlichen Schatulle und seitens der städtischen Behörden zur Ausführung eines Schillerdenkmals die Summe von 33 000 Thalern zur Verfügung stand. In der That gipfelte das Berliner Schillerfest am 10. November 1859 in der Grundsteinlegung dieses Monumentes auf dem Platz vor Schinkels Schauspielhaus. Dadurch trat jedoch auch der schon zur Säkularfeier Goethes zehn Jahre zuvor gefaßte Plan zu einem Goethedenkmal in ein neues Stadium. Das Goethekomitee beabsichtigte, die Standbilder beider Dichter, die „nur mit- und durcheinander zu begreifen seien," vor der Freitreppe des Schauspielhauses zu errichten, und erhielt dazu die königliche Genehmigung. Auch die Geldmittel waren vorhanden. Allein das „ersprießliche Einvernehmen" mit dem Schillerkomitee ließ sich nicht erreichen, und an Stelle der zwei Statuen tauchte ein neuer Plan auf, der ihnen noch eine dritte, die Lessings, zugesellen wollte. Dieses „Drei-Statuen-Projekt," gegen welches ebensoviel inhaltliche, wie künstlerische Gründe sprachen, hatte in der That die gewichtigsten Stimmen der Gelehrten- und Künstlerkreise gegen sich, die ihre Bedenken in mehreren Gutachten niederlegten. Ein mißlicher Streit war entstanden, der alle drei Denkmäler zu schädigen drohte. Zum Glück machte ihm das Goethekomitee kurzer Hand ein Ende, indem es am 14. April 1862 beschloß, für das Goethedenkmal einen anderen Platz zu suchen. Heute, wo Schapers prächtiges Goethestandbild, und Lessings von dem gleichnamigen Bildhauer ausgeführtes Monument im Tiergarten längst ihre stimmungsvollen Stätten gefunden haben, kann an der Richtigkeit jenes Entschlusses nicht mehr gezweifelt werden, aus den aktenmäßigen Berichten und Gutachten aber klingt noch jetzt die allgemeine Erregung, in welche damals schon diese Vorfragen das Kunstleben Berlins versetzten.

Und weit stärker wirkte auf dasselbe vollends die künstlerische Gestaltung des Schillerdenkmals selbst, für welches der Magistrat am 10. November 1861 einen allgemeinen Wettbewerb eröffnet hatte. In dem Ausschreiben war der Platz vor dem Schauspielhaus, ein „Anschluß an dessen architektonische Verhältnisse" und die Berücksichtigung jenes damals noch schwebenden „Drei-Statuen-Projekts," im übrigen für die Statue selbst nur ein kleines Modell von zwei Fuß Höhe für ein Bronzestandbild gefordert. Der Preis war der schönste, den ein Künstler sich wünschen kann: die Ausführung.

Allein das Ergebnis war nicht so bündig, wie man wohl erwartet hatte. Aus dem allgemeinen Wettstreit entwickelte sich ein Zweikampf zwischen den beiden Meistern, die auch in Zukunft als Führer entgegengesetzter Kunstweisen einander in unversöhnlicher Gegnerschaft gegenüberstehen sollten: zwischen Rudolf Siemering und Reinhold Begas.

Neben beiden hatten sich noch dreiundzwanzig Bildhauer beteiligt, darunter viele mit schon berühmten Namen, teilweise dieselben, die auch um den Preis des Kölner Königsdenkmals stritten, und die im Konzertsaal des Schauspielhauses im Sommer 1862 eröffnete Ausstellung, zu welcher das ganze kunstsinnige Berlin pilgerte, enthielt siebenundzwanzig Modelle. Dennoch war sie recht arm an echter Kunst. In den Geist der Aufgabe waren nur wenige eingedrungen, denn mit der äußerlichen Reminiscenz an bestimmte Verse und Aussprüche Schillers und mit Illustrationen seiner Dramen und Gedichte war es dabei

Abb. 32. Büffelgruppe vom Schlachthaus in Budapest.

natürlich nicht gethan. Am wenigsten befriedigte der Hauptteil der Entwürfe, die Dichterstatue selbst. Ein Kritiker sagt von diesen Porträtfiguren, die meisten seien entweder Karikaturen, oder „sie gingen der Idee einer Schillerstatue so ganz und gar aus dem Wege, daß man eher eine bunte Sammlung von römischen Imperatoren, Romeos, Cromwells, Robespierres, fahrenden Scholasten und — drapierten Niobes vor sich zu haben glaube." Im Formalen herrschte die Rauchsche Schulung, aber mit wenig Glück. Schnell sonderte sich von der Spreu der Weizen. Sieben Modelle kamen zur engeren Wahl in Betracht: diejenigen von Arnold, Bläser, Drake, Moser, Siemering, Albert Wolf und — von Reinhold Begas.

Abb. 31. Merkur und Psyche.

Eine solche Scheidung der Namen ist berechtigt, denn wieder stand Begas als einzelner einer wenigstens in ihren Kunstanschauungen geeinten Partei gegenüber, und wie in Köln, so wurde auch in Berlin der Kampf zwischen ihm und den übrigen weit heftiger geführt, als zwischen diesen untereinander. Vom ersten Tage der Ausstellung an stand sein Entwurf im Vordergrund des Interesses, von den einen bewundert, von den anderen geschmäht. Ein erbitterter Kampf entbrannte über ihn, der auch in der Presse lautesten Wiederhall fand. Mit der ganzen Kraft seiner Beredsamkeit trat Ludwig Pietsch für den Begasschen Entwurf ein, ebenso Adolf Stahr. In der Sachverständigenkommission, welche zwischen den obengenannten sieben Entwürfen die drei besten auszuwählen hatte, konnte nur hinsichtlich zweier eine Entscheidung erzielt werden — der Modelle von Begas und Siemering — über das dritte zersplitterten sich die Stimmen so sehr, daß man auf eine Einigung ganz verzichtete, und nur diese beiden Meister zu einer engeren Konkurrenz aufforderte.

Allein als dann die neuen Modelle beider Rivalen am 1. September 1863 abgeliefert worden waren, erkannten selbst eifrige Gegner des ersten Entwurfs von Begas dessen neue Arbeit als „ein Meisterwerk aus einem Gusse" an, während die Siemeringsche in den Hintergrund trat. Auch in einer Sitzung des „Wissenschaftlichen Kunstvereins," in

Abb. 34. Merkur und Psyche. Skizze.

welchem das damalige Kunstleben Berlins sich thatkräftig konzentrierte, entschied man sich nach langen Erörterungen einstimmig zu Gunsten des Begasschen Projektes, das denn auch im Kommunalbeschluß zu Anfang 1864 den Vorzug erhielt und unter Bewilligung von 35 000 Thalern zur Ausführung bestimmt wurde, allerdings mit dem seltsamen Zusatz, daß dem Künstler gleichsam zur Überwachung seiner Arbeit ein „Kontrollkomitee" zur Seite stehen solle. Dieses, dem als künstlerischer Beirat Menzel und Sußmann Hellborn angehörten, waltete denn auch seines Amtes. Es verwarf das zweite Modell, welches Begas während eines neuen kurzen Aufenthalts 1864 in Rom gearbeitet hatte. Ein drittes aber wurde dann im Oktober 1865 auch von ihm genehmigt. Am längsten blieb die Wahl des Materials streitig, doch entschied man sich zuletzt für die Ausführung in Marmor und setzte für die Enthüllungsfeier den 10. November 1869 fest. In der That waren damals die Hauptteile des Denkmals vollendet, allein die Aufstellung verzögerte sich, und erst nach dem französischen Kriege, am Geburtstag des Dichters 1871, wurde das Denkmal der Öffentlichkeit übergeben.

Und seltsam! Trotz der Kontrollkommission glich es, von der Porträtstatue abgesehen, fast vollständig dem ersten Entwurf, der dem Meister 1862 den Preis gebracht hatte! Dieser ist daher seine erste, große Schöpfung, die zu einer monumentalen That wurde (s. Abb. 9).

Wenn auch in minder schroffer Fassung,

Abb. 35. Raub der Sabinerin.

ist das Schillerdenkmal doch ein Ausdruck des gleichen Kunstcharakters, dem das Kölner Königsdenkmal entstammt. Vor allem in dem Gegensatz zu der in Berlin herrschenden Weise Rauchs und der Seinen. Das zeigte sich schon von Anbeginn in der ganzen äußeren Behandlung des Modelles von 1862 selbst. Mit gleicher Kühnheit, nur aus dem Rohen geformt und jeder zarten Detaillierung bar, pflegte man damals selbst Modelle nicht aus den Händen zu lassen und vollends auf eine öffentliche Konkurrenz zu senden. Dies fiel denn auch zunächst auf. Genial nannten es die einen, lieberlich die anderen, und die bedächtigsten Kritiker tauften es — „virtuose Mache."
Allein das war sicherlich am meisten verfehlt, denn aus diesen derben Formen sprach gerade am mächtigsten etwas, was jeder berechneten Absicht am fernsten zu bleiben pflegt. Wer mit unbefangenem Blick vor dieses Werk trat, mußte empfinden, daß hier ein innerer Zwang die Künstlerhand geführt hatte, daß dieses Bild in blitzartiger Intuition vor einer Künstlerseele entstanden war. Leiser, aber doch fühlbar genug, zuckte auch hier noch die fast fieberhafte Erregung, mit der Begas ein ähnliches Bild in seinem Königsdenkmal in Formen gebannt hatte. Statue und Sockel sind aus einem Guß, untrennbar. Darin gipfelt die plastische Geschlossenheit des Ganzen. Das rein Verstandesmäßige, das in den Entwürfen Rauchs stets lebhaft mitspricht und sich zuweilen wie ein kalter Hauch über sie breitet, ist gänzlich in den Hintergrund getreten; die bildende Kunst als solche kommt zu ihrem Recht. Das ist ein Michelangelesker Zug. Und demgemäß fehlt auch die leiseste Einwirkung jenes Zwischenreiches, in welches der persönliche Genius Rauchs die Geschöpfe seiner Phantasie erhebt, indem er sie dort gleichsam läutert, aber auch nicht selten sich selbst entfremdet: es fehlt jeder Einfluß des antiken Ideales. Darum vermißten die Anhänger Rauchs an dem Begasschen Entwurf die „statuarische Noblesse," welche sie an dem seines Gegners Siemering nun noch besonders lebhaft rühmen zu müssen glaubten. Und doch war gerade diese auch dem Begasschen Werk in glücklichster Weise zu eigen, nur freilich in ganz anderem Sinn, als in dem des damals an den

Berliner Denkmälern hergebrachten Neuklassicismus. Am bezeichnendsten sind dafür die vier Sockelfiguren, welche das würfelförmige Postament an den Ecken umgeben (s. Abb. 10 bis 13). Sie sitzen auf einer runden Brunnenschale. Darüber hat man damals mit bitterem und recht billigem Spott geeifert. Heute fällt es kaum noch auf. Es ist auch ganz nebensächlich, und soweit es überhaupt einer Rechtfertigung bedarf, bieten diese die gartenartigen Anlagen, welche heute das Denkmal umgeben, unmittelbarer, als die Beziehung zum kastalischen Quell. Doch auch dieser könnte zwischen diesen Gestalten rauschen, obgleich sie von den Musen Rauchs grundverschieden sind. Dem Namen nach zählen sie zur Gattung der allegorischen Idealfiguren: vorn die lyrische und die dramatische Dichtung, an der Rückseite Geschichte und Philosophie. Die hierbei an sich so eng begrenzte Ausdrucksfähigkeit der bildenden Kunst war in der Rauchschen Bildhauerschule auf ein recht unbedeutendes Maß herabgesunken. Eine jugendliche, formenschöne Frauengestalt mit den überlieferten Beigaben mußte für alle Themata genügen. Der Altmeister selbst hatte sich bei den Regententugenden, welche am Piedestal des Friedrichsdenkmals vor den abgestumpften Ecken des oberen Sockelteiles thronen, auf diese allgemeine Charakteristik beschränkt. Geschwisterlich sind sie untereinander verwandt, und ihr Walten hat weder auf ihre Gesamterscheinung, noch auf ihre Züge irgendwie gestaltend zurückgewirkt. Ihre Formenanmut und Linienschönheit fesselt das Auge, allein sie sagen nichts von ihrem Wesen aus, am wenigsten dem Volk, zu welchem ja nicht einmal die Attribute verständlich genug sprechen. In diesen Figuren ist einer der Grenzpunkte erreicht, auf denen die aus klassischer Überlieferung erwachsene Kunst Rauchs innerhalb ihrer Mission Halt gemacht hat.

Da setzte Reinhold Begas mit der Vollkraft seines Genies zielbewußt ein. Er legte den Nachdruck auf die Charakteristik als solche. Er wollte den Gestalten eine allgemein verständliche Sprache verleihen. Die „Beigaben" sind nicht nur „beigegeben," sondern sie erklären Haltung und Ausdruck. Aber auch ohne die Attribute sollen diese Figuren ihr Wesen verraten.

Abb. 36. Centaurengruppe.

Sie sollen es gleichsam an der Stirn tragen; ihre Altersstufe, ihre Stellung, ihre Gewandung, jede Form, jede Linie sich diesem Ziel unterordnen. Und dies hat er in der That ganz vortrefflich erreicht, ohne die plastische und formale Schönheit zu opfern. Da ist zunächst das Paar an der Vorderseite, bei dem auch der Gegensatz glänzend ausgenutzt ist (s. Abb. 10). In jugendlicher Schönheit strahlend blickt die Figur der „Lyrik" seelenvoll empor, die Linke leicht aufgestützt, mit der Rechten wie traumverloren über die Saiten streichend.

In dem weichen Linienfluß selbst klingt die lyrische Tonart an. Thatenglühende Entschlossenheit spricht dagegen aus der Gestalt des Dramas (s. Abb. 11). In der Rechten hält sie den Dolch, zum Stoß bereit, allein auch ohne diesen wüßte man, was sie bedeutet. Ihre Vollkraft ist echt dramatisch konzentriert. Eine unbezwingliche Energie spannt die schon ältlichen Züge ihres Hauptes. Ihre Haltung ist die Ruhe vor dem Sturm. In dieser bewegungsfähigen Ruhe hat diese Gestalt etwas von Michelangelos Statue des Giuliano de' Medici, an dessen Grab-

Abb. 37.
Der elektrische Funke.

denkmal zu Florenz. Ganz anders wieder die beiden Frauen an der Rückseite des Postamentes. Blickt die Gestalt des Dramas an der Front mit wilder Entschlossenheit der Zukunft entgegen, so überschaut die der Geschichte (s. Abb. 12) ruhig wägend die Vergangenheit, um deren große Namen in ihre Tafeln einzuschreiben. Aber auch um den Mund dieses jugendschönen, edlen Kopfes lagert ein unerbittlicher Ernst. Vielleicht die großartigste von allen diesen Figuren ist jedoch die Statue der „Philosophie." Es ist eine Sibyllengestalt (s. Abb. 13), von dem Geschlecht derer, die an Michelangelos Decke der Sixtina die Weltgeschicke überdenken. Dem Alter nach eine Greisin, aber von jener ehernen Kraft, mit der die Sage die Stammmütter der Völker ausstattet. Ihr linkes Bein ruht auf dem rechten Knie, auf das linke Knie stützt sich der linke Arm, auf diesen das bekränzte, von einem Tuch umhüllte Haupt, und mit der Rechten umschließt sie eine Pergamentrolle mit der Inschrift: „Erkenne dich selbst." — Es wäre gänzlich ver=

Abb. 38. Stube. Bleistiftzeichnung.

fehlt, von dieser Figur tiefsinnige Fäden zum Innenleben ihres Schöpfers zu spinnen. Reinhold Begas zählt nicht zu den grübelnden Philosophen. Seine ganze Philosophie ist die der That. Und dennoch hat er mit der Kraft des Genies auch die geistige Bedeutung des Themas innerhalb einer bestimmten Richtung erschöpft. Wie blöde muß der Blick derer gewesen sein, die hier nur ein störrisches altes Weib sehen konnten! Wir stehen heute nicht an, diese sibyllinische Gestalt, über der eine echt Faustische Stimmung ruht, als eine der glänzendsten Schöpfungen der modernen Charakterplastik zu rühmen. — Die drastische Kennzeichnung dieser vier Sockelgestalten fand denn auch in der ersten Skizze begeisterte Vorkämpfer. Die drei akademischen Mitglieder der Jury, unter ihnen Adolf Menzel, sagten in ihrem obenerwähnten Gutachten von 1862: „Diese vier weiblichen Figuren sind von hoher Schönheit, und ihre allegorische Bedeutung so tief empfunden, so überzeugend, daß niemand, selbst der Ungebildete nicht, zweifeln wird, was der Künstler in ihnen hat aussprechen wollen." — Aber dies alles bezieht sich zunächst nur auf den inhaltlichen, geistigen Wert dieser Figuren, von ihrem rein künstlerischen, von ihrer Formensprache, war noch kaum die Rede. Und doch liegt auch hier gerade in dieser die kunsthistorische Bedeutung der Leistung. Diese Formen sind individuell, in dem Grade, daß man auf bestimmte Modelle schließt, daß diese Figuren der Gestaltenwelt Rauchs als realistische Por-

Abb. 39. Skizze zu Venus auf dem Taubenwagen. Bleistiftzeichnung.

träts gegenüberstehen — und trotzdem gehören sie dem Idealreich echter Kunst an, denn sie sind über die Wirklichkeit hinaus zur Monumentalität gesteigert. Ganz selbständig dringt hier ein neuer Stil durch. Auf wuchtige Totalwirkung geht die Formensprache aus. Alle Glätte ist vermieden. Die Detaillierung macht an den meisten Stellen früher Halt, als dies in der Rauchschen Schule üblich war; an anderen wieder — man prüfe beispielsweise die Augenpartien, besonders am Kopf der „Philosophie" — geht sie in naturalistischem Sinne viel weiter und wirkt dort um so packender. Die Gewänder sind ebenfalls im Anschluß an Modelle gearbeitet. Dazu kommt ein gewisser malerischer Zug, der aber die echt plastische Geschlossenheit der Formen und Linien nicht beeinträchtigt. In freier Natürlichkeit sitzen diese Gestalten an ihren Plätzen, ganz ungezwungen. In reichen Falten fallen ihre Gewänder über die Stufen herab, deren gerade Linien überschneidend. Alles dient dem lebendigen Gesamteindruck, und dieser ist von erstaunlicher Frische. Auch noch in der Marmorausführung, denn die obige Charakteristik gilt von dieser. Sie erfolgte freilich erst sieben Jahre später, nachdem der erste Entwurf, wie er auf der Konkurrenzausstellung von 1862 stand, die oben erwähnten Schicksale durchgemacht hatte. An den Sockelfiguren aber waren dieselben ziemlich spurlos vorübergegangen, ebenso an den kleinen Seitenreliefs, die, fast nur in ein-

Abb. 40. Studie. Bleistiftzeichnung.

geritzten Umrißlinien, darstellen, wie Schiller von den Musen die Leier empfängt und wie er den Dichtern der Vorzeit zugeführt wird. Der Hauptgestalt dagegen hatten die zwischen ihrem ersten Entwurf und ihrer Ausführung liegenden Jahre große Wandlungen gebracht. Ursprünglich hatte Begas, wie er im Katalog selbst schrieb, „Schiller, im begeisterten Aufblick, sinnend" aufgefaßt. Ludwig Pietsch schildert die Statue: „Der Dichter war in halb schreitender Bewegung dargestellt, aufgerichteten Hauptes, mit dem Ausdruck der Begeisterung, Tafel und Griffel in den Händen, im Begriff, niederzuschreiben, was der Genius ihm eingibt. Die Gestalt erschien in die Zeittracht, in den langen Schillerrock gekleidet, der Mantel sank von der Schulter herab und schleppte zum Teil am Boden nach." — Der Marmorausführung ist von der ersten Skizze im Grunde nur diese Gewandung geblieben, nachdem das zweite Konkurrenzmodell von 1863 mit geringerem Glück den Mantel ganz fortgelassen hatte, Auffassung und Haltung selbst aber sind beiden Modellen gegenüber völlig verändert worden. Dieses „Innehalten während des Schreibens", dieses „Schreiben-Wollen während des Gehens" gab der ganzen Stellung etwas Schwankendes, Unsicheres, übermäßig Bewegtes. Dies war in dem zur Ausführung gelangten Modell, welches Begas im Sommer 1865 arbeitete, plastischer Ruhe gewichen. Bei den Verhandlungen des „Wissenschaftlichen Kunstvereins" über die engere Konkurrenz zwischen Begas und Siemering (1863) hatte Dr. Ernst Förster vorgeschlagen, dem Dichter „statt der Tafel in die Linke eine Pergamentrolle zu geben, während die Rechte den in parallelen Falten unkleidsam herabhängenden Rockmantel aufnimmt." In der That wählte Begas zuletzt diese Stellung (s. Abb. 14). Einen eigenartigen Charakter hat sein Schiller dadurch erhalten, der im ersten Augenblick allerdings befremdet. Das gilt jedoch von fast allen Schillerstatuen. Es liegt zum Teil wohl in der Schwierigkeit der Aufgabe, die ungleich

Abb. 41. Studie. Bleistiftzeichnung.

größer ist, als bei einem Denkmal Goethes. Königlich ist dieser durchs Leben geschritten. Wie bei den Olympiern waren bei ihm geistige und physische, seelische und sinnliche Kraft in harmonischem Einklang. Ganz anders Schiller. Nur in seinem Schaffen selbst durfte er auf lichten Höhen weilen. „Was er äußerlich erreichte, war" — sagt Scherer — „mäßig: eine magere Professur in Jena, später eine beschränkte Existenz in Weimar. Dazu ein kränklicher dahinsiechender Körper." Mit diesem steht die Riesenkraft seines Geistes in dauerndem Kampf. Dieser Gegensatz zwischen dem Genius und seiner irdischen Hülle, der etwas so tief Ergreifendes, Weihevolles hat, wird für die statuarische Kunst ein großes Hemmnis. Verhältnismäßig am leichtesten überwand dasselbe noch Rietschel, dem für sein Weimaraner Doppelbildnis beider Dichterfürsten die Kontrastwirkung zu Gebote stand. Dannecker hat in seinen mit Recht so berühmten Schillerbüsten die geistige Macht an sich in ihrer blitzähnlichen Wirkung erfaßt.

Am edelsten ist die Lösung in Thorwaldsens Schillerstatue zu Stuttgart. Eine Traumwelt scheint diese Gestalt zu umgeben, die alle irdischen Gebresten mild verhüllt. Allein nichts Sieghaftes spricht aus dieser Erscheinung. Das Haupt ist gesenkt. Ein Lorbeerkranz umgibt es, wie eine Krone; aber diese Krone gleicht einer hehren Last, unter welcher sich der Träger in stolzer Demut beugt. So fein ist hier Schillers Geschick angedeutet, und gleichzeitig klingt dabei ein Wiederhall an jene empfindsame, leicht wehmütige Stimmung des endenden achtzehnten Jahrhunderts an, aus welcher sich seine Muse erhob. —

Die Begassche Schillerstatue gehört in eine ganz andere Welt. Dem Schiller Thorwaldsens gegenüber erscheint sie veräußerlicht, in einem größeren monumentalen Aplomb. Langsam schreitet sie vorwärts. Die erhobene Linke umfaßt ein Manuskript und preßt es an die Brust, wie ein natürliches Attribut; die Rechte rafft den Mantel auf, der nur die linke

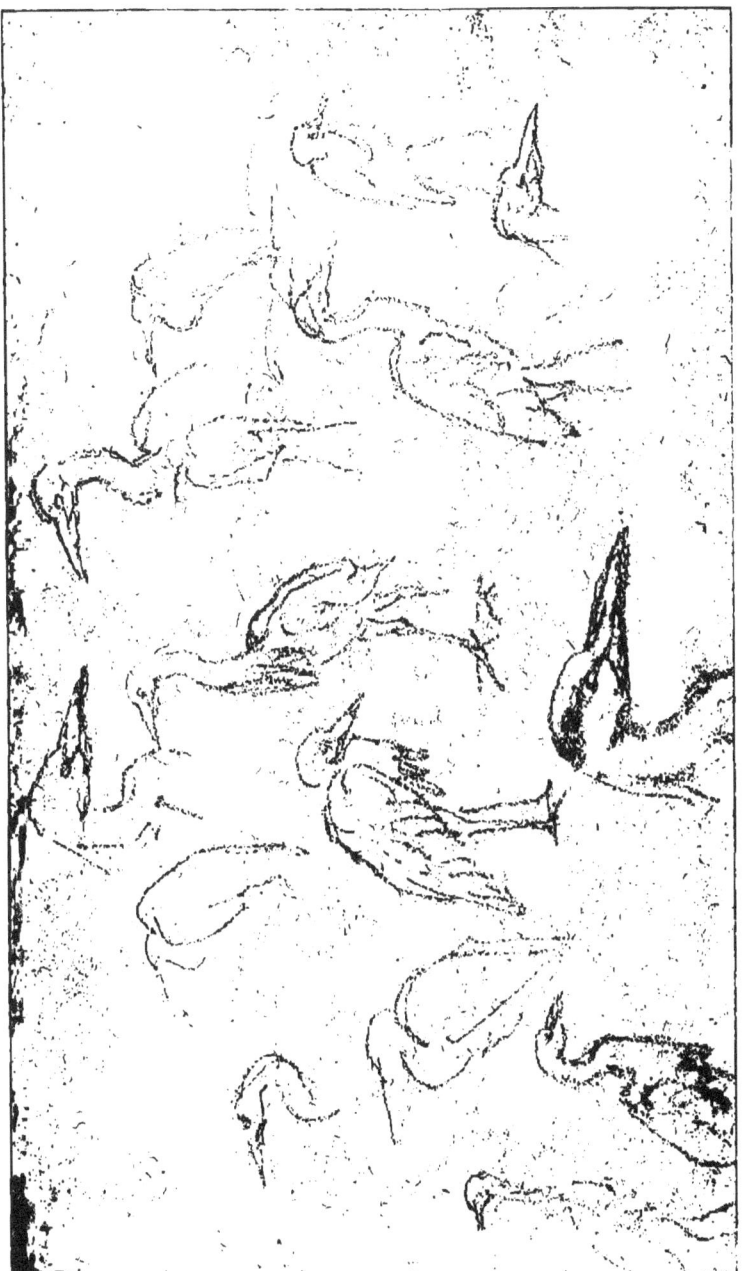

Abb. 12. Aus dem Skizzenbuch. Bleistiftzeichnung.

Abb. 43. Studie. Bleistiftzeichnung.

Seite bedeckt und, am Rücken heruntergesunken, breit über den Boden nachgezogen wird; die rechte Seite zeigt den ziemlich straff herabfallenden Gehrock, und läßt das etwas nachgezogene rechte Bein freier hervortreten. Diese ganze, ein wenig schwerfällige Bildung der Figur erklärt sich aus dem Zwang, in dieser Einzelgestalt dem umfangreichen Sockel möglichst ein Gegengewicht zu schaffen. Frei und stolz aber ragt das Haupt auf. Der Lorbeerkranz lastet hier nicht, denn selbstbewußte Entschlossenheit spricht aus diesen Zügen. Ja sogar eine gewisse Verschlossenheit gegen die Außenwelt, etwas Herbes, fast Mürrisches. Das stört zunächst, aber es steigert im Wiederschein der ganzen Stellung den Ausdruck der Energie. Im stärksten Gegensatz zu dem Schiller Thorwaldsens glaubt man hier nicht den sinnenden, empfindungsreichen Lyriker, sondern den seiner Mittel und Ziele bewußten, mit logischer Schärfe wirkenden Dramatiker zu sehen. Die Bewegung der rechten Hand hat eine eigenartig charakterisierende Kraft: „nicht nur den Mantel, nein sich selbst, sein ganzes Sein und Können, scheint Schiller, wie er hier vor uns steht, zusammenzufassen." Volkstümlich allerdings ist auch dieser Begasche Schiller nicht geworden, und dieser Hauptteil des Schillerdenkmals, der seine bleibende Gestalt am spätesten erhielt, ist künstlerisch und kunstgeschichtlich von geringerer Bedeutung, als die vier Sockelfiguren, welche ihrem Gesamtcharakter nach schon in der ersten Skizze fast so erschienen, wie sie dann in Marmor verkörpert wurden.

Allein das war doch eine Art von Auferstehung, denn auch diesen Frauengestalten ist läuternd eine Wandlung zu gute gekommen, welche sich während der zwischen dem ersten Entwurf und der Marmorausführung des Schillerdenkmals liegenden sieben Jahre in der ganzen Kunst ihres Meisters vollzog. Die Hauptseiten seines bisherigen Charakterbildes, der helle Natursinn, der so schalkhaft aus seinen Faunenscenen spricht, das energische Erfassen der Wirklichkeit in seinen Porträts, und der trotzigkühne, dramatische Zug zum Barockstil in der Börsengruppe und den beiden Denkmälern — alle diese Elemente seines Schaffens erhalten vom Jahre 1863 ab ihr Spiegelbild in einem neuen Brennpunkt, der sie bald steigernd, bald mildernd verklärt: in Frauenschönheit und Liebeslust.

Leibhaftig waren sie in sein Leben getreten. Ende 1863 hatte er sich mit Margarete Philipp verlobt, einem kaum fünfzehnjährigen Mädchen, das jedem, und vollends einem Begas, als der verkörperte Jugendreiz selbst erschien, wie er dem Künstler wohl zuweilen in seinen Träumen und in seinen Werken, gar selten aber in Fleisch und Blut gesellt ist. Nicht äußere Rücksichten hatten diesen Bund gestiftet — er verbürgte keineswegs glänzende Verhältnisse. Und doch war es, als leiste schon die jugendliche Vollkraft und die Schönheit dieses Paares allein dafür Gewähr, daß es sieghaft zu den Höhen des Daseins emporsteigen werde. — Schon im Frühjahr 1864 wurde die Hochzeit gefeiert, und wiederum zog Begas nach Italien. Daß er sein junges Glück nirgends besser als in Rom genießen könne, war selbstverständlich. War doch dort auch Böcklin mit den Seinen und Lenbach, der damals in den römischen Galerien im Auftrage des Grafen Schack seine Kopien begann!

Wie bei diesen beiden der Pinsel, so war bei Begas trotz des Honigmondes aber auch das Modellierholz eifrig in Thätigkeit, und als deren schönstes Produkt stand im Herbst des Jahres auf der Berliner Akademischen Kunstausstellung ein neues Werk, das seinen Namen wiederum in aller Mund brachte: die Gipsgruppe „Venus und Amor" (s. Abb. 15).

Einer der köstlichsten Schöpfungen attischer Poesie war der Stoff entlehnt, jenem Gedicht Anakreons, in welchem geschildert wird, wie der Knabe Eros, den eine in einer Rose verborgene Biene in den Finger gestochen, der Venus sein Leid klagt:

> O weh mir, rief er, Mutter!
> O weh! ich bin des Todes!
> Da hat mich eine Schlange
> Gebissen, klein, mit Flügeln:
> Der Landmann nennt sie Biene. —
> Und jene sprach: So schmerzet
> Der Stachel einer Biene!
> Nun denke, wie es schmerzet,
> Wenn, Eros, du verwundest.

Von echt attischer Anmut und geistvoller Feinheit sind diese Verse, und ein Praxiteles schient berufen, sie in ein Bildwerk zu übertragen. Ihm, dem Hellenen, mußte dabei auch daran gelegen sein, die Göttin und das Götterkind als solche zu charakterisieren, und sicherlich wäre ihm dies hier nicht weniger gelungen, als bei seiner Aphroditestatue zu Thespiae, die neben derjenigen der irdischen „Phryne" — obschon nur nackt, wie sie — so sieghaft als Olympierin erschien. — Doch „die Götter sanken vom Himmelsthron". Aphrodite und Phryne verschmolzen zu einem einzigen Wesen, denn jene lieh gnädig ihren Namen, um die unverhüllte Frauenschönheit hinüberzuretten in die entgötterte Welt. — Gar vieles ist ihr dabei zugemutet worden! Am willkommensten aber muß ihr jedenfalls ein treues Abbild irdischer Jugendreize bleiben, die ihr selbst durch ihren Zaubergürtel ewiggültig verliehen sind. Und frischer, als in dieser Begasschen Gruppe, als in diesem jungen Weib, aus dessen üppiger Gliederpracht der warme Hauch des Lebens so sinnberückend weht, kann

Meyer, Begas.

dieses Abbild von der Plastik kaum geboten werden. Auf niedrigem Sitz hat sich die junge Mutter niedergelassen und neigt sich tröstend über ihren Knaben. Diese Haltung bringt die Schönheit ihrer weichen, vollen Formen noch zur besonderen Geltung, vor allem an Schultern und Rücken und an den leicht gekreuzten Beinen. Nur der Schoß ist bedeckt, aber sie weiß nicht, daß fremde Augen auf ihr ruhen; sie ist vollständig mit ihrem Knaben beschäftigt, diesem prächtigen verzogenen Trotzkopf, der so völlig dieser Mutter würdig ist. Weich und rundlich sind auch seine Glieder, allein doch weit draller, als etwa die jenes Bacchusknaben, der die Reihe der Begasschen Kinderdarstellungen eröffnet. Kerngesundes, warmes Blut rollt in den Adern dieser beiden Gestalten, des Weibes und des Knaben, die ihre Leiber aneinander schmiegen, die ihre Köpfe zu einander neigen, und diese blühende Lebensfrische, die in den leichten Hebungen und Senkungen der Formen, ja auch in ihrer Textur, der

Abb. 44. Studie. Zeichnung.

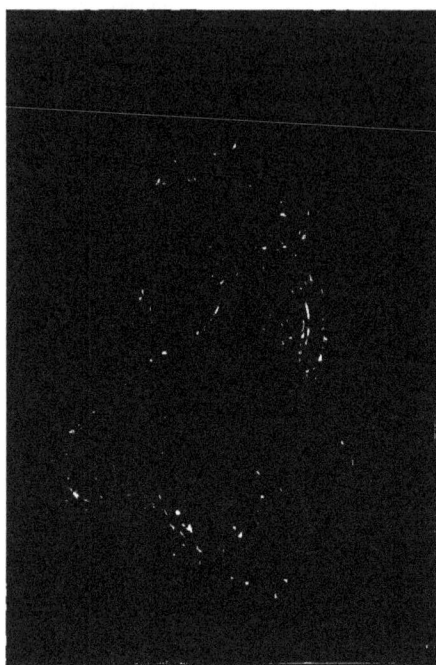

Abb. 45. Studie. Zeichnung.

Wirklichkeit so erstaunlich nahe kommt, erschien damals — 1864 — in einem Bildwerk, und vollends in einer Gipsgruppe, unerhört. Man war selbst an Figuren, die sich offen als Aktstudien nach dem Leben bekannten, eine gewissermaßen abstraktere, mehr stilisierende Wiedergabe gewöhnt. Das bezeugt schon Rauchs „Danaide," die trotz ihrer Formenschönheit neben dieser Begasschen Venus zu einem fast gefühllos kalten Gebilde erstarrt. Wohl fehlte es nicht an Stimmen, die jene Lebenswärme als sündige, unkünstlerische Verherrlichung des Fleisches verdammten, allein sie vergaßen, welcher Grad von Kunst und von Können denn doch dazu gehört, daß „Kunst sich in Natur verwandelt." Und sie mußten vor dem lauten Jubel verstummen, mit dem diese Gruppe von den meisten begrüßt wurde. Ist sie doch auch zugleich so reizend liebenswürdig und wirkt so lebendig auch durch den schalkhaften Zug, der durch das Ganze geht! Wie köstlich ist allein schon die Bewegung der Händchen Amors! —

Und dieser Sieg war wiederum von kunsthistorischer Bedeutung, minder trotzig erkämpft und minder hart bestritten, wie bei den beiden Denkmälern, aber doch kaum minder bezeichnend für Begas und seine Kunst. Auch hier kündete sich eine gänzliche Wandlung in den Wegen und Zielen der deutschen Bildnerei an. Mit vollem Recht nennt eine damalige Besprechung dieses Werkes seinen Meister einen „Regenerator der modernen Plastik." Die gleiche Scene hatte auch Thorwaldsen zu einem seiner bekanntesten Werke den Stoff gegeben. Es ist eines seiner anmutigsten Reliefs. Eilig ist der geflügelte Knabe zur Mutter gelaufen, die — nur den Unterkörper von einem Tuch leicht verhüllt — auf einem Felsblock sitzt und nun das erhobene Händchen faßt, um die arge Wunde zu sehen. — Dem Begasschen Werk gegenüber können diese beiden Figuren in gewissem Sinne die Frauen- und Kinderdarstellungen fast der gesamten deutschen Idealplastik der ersten Hälfte unseres Jahrhunderts kennzeichnen. Thorwaldsens Aphrodite ist von vollendeter Anmut, und ein sanfter Wohllaut erklingt in ihren Linien und Formen, allein es mischt sich in ihn kein Ton aus voller Menschenbrust, keiner, der dort Wiederhall finden könnte. Es gilt von ihr, was einer der verständnisvollsten und sinnigsten Bewunderer des großen Dänen sagt: „Seine Grazien sind freundlich, keusch und kühl, und seine Venus friert." — Dem stellt Begas ein heißblütiges, zur irdischen Liebe geschaffenes, zur Mutter erblühtes Weib entgegen, das zu atmen, zu leben scheint. Dem Leben selbst ist es entnommen. Unmittelbar ist in ihm ein Modell von großer Schönheit nachgebildet, bis auf die ganz individuellen Zufälligkeiten seiner Formen, wiedergegeben mit dem sinnlichen Blick des Jünglings, während Thorwaldsen die Frauengestalt stets mit einer gewissen kindlichen Unschuld betrachtet, zugleich aber auch nachgeschaffen mit dem echten Künstlerblick und der echten Künstlerhand, die auch das treueste Abbild der Wirklichkeit dem Naturabguß gegenüber erscheinen lassen, wie den

Geist neben seiner toten Hülle. Und so auch in der Gestalt Amors. Knospende, schwellende Jugendkraft verkünden seine Glieder, unbändiger Trotz und unwiderstehliche Liebenswürdigkeit ruht schon jetzt auf diesem durch den schmollenden Ausdruck noch besonders reizenden Knabenkopfe. Ist da mit der naturalistischen Wahrheit nicht zugleich auch die geistige besser zu ihrem Recht gelangt? Ist das kein treffenderes Bild für Eros, den schalkhaften Allbezwinger der Götter und der Menschen, als das geschlechtslose Kind auf Thorwaldsens Relief?

Freilich hatte er den feurigen, deutschen Künstler auch in ganz anderer Weise in sein willkommenes Joch gespannt, als jemals die „hochnordisch kühle Natur" Thorwaldsens. Der sinnlich=erotische Zug, der diesem so fern bleibt, wird für Begas nun gerade in den nächsten Jahren ein Hauptelement seiner Schaffenskraft, auch da, wo er den Eros ganz fortläßt und nicht mehr die Venus selbst verherrlichen will, sondern ihr Geschlecht. In seinem Jugendwerk hatte er in der Psyche einen zarten, knospenhaften Mädchenleib meisterhaft wiedergegeben, nun zeigt er in immer neuer Schönheit das minnigliche Weib in der Blüte seiner sinnlichen Reize. Er belauscht die Badende, wie sie stehend sich herabbeugt, um mit dem Tuch die Wade zu trocknen, oder wie sie sitzend ihr Haar vor dem Spiegel ordnet, ahnungslos, daß fremde Blicke auf ihr ruhen (s. Abb. 16); aber er tritt auch hervor und weidet sich am Anblick der überraschten Schönen, die sich vor seinen Augen vergeblich durch das über den Rücken gezogene Tuch zu ver=

bergen sucht. Dies ist das Motiv einer lebensgroßen Marmorfigur, der „Susanna," welche sich jetzt in der Sammlung Hainauer zu Berlin befindet (s. Abb. 17). Sie ward erst 1869 gelegentlich einer neuen Romfahrt modelliert, 1872 vollendet und zeigt eine hohe Meisterschaft in der Behandlung des Marmors. Es ist das erste Werk, das dem Meister auf der Wiener Weltausstellung 1873 einen ganz unbestrittenen Triumph brachte. Begreiflich genug! Der Gesamteindruck ist so packend, daß man einzelne plastisch minder gefällige Formen und harte Konturen übersieht. Wie sie den schönen Kopf emporwendet, in demselben Augenblick aber auch zusammenschreckt und sich unwillkürlich hinter dem gestrafften Laken decken möchte — das ist mit der Lebendigkeit eines Momentbildes geschildert und doch wieder nur dank einer glänzenden Beherrschung der künstlerischen Mittel.

In gleichem, wenn nicht in noch höherem Grade zeugen von dieser zwei ursprünglich in nur winzigem Maßstab gehaltene Attfigürchen. Das eine ist die obengenannte „Badende," die sich mit dem Handtuch zum Unterschenkel herabbeugt (s. Abb. 18).

Abb. 46. Skizze. Zeichnung.

Abb. 47. Studie. Zeichnung.

Es gehört ein echter Künstlerblick dazu, um in dieser Stellung die Grazie zu erkennen, und ein hohes Können, um sie plastisch festzuhalten. Dabei war die Wahl dieser Stellung zunächst aus einem äußeren Grund motiviert: das Figürchen sollte mit seinem geneigten Oberkörper als Griff dienen und ist in der That dann als Petschaft verwertet worden. In Rom wurde es in Bronze gegossen; wenige Exemplare erhielt als einzige Bezahlung der Künstler selbst! — Hunderte von Exemplaren wanderten später, nachdem er Rom verlassen, künstlich schön patiniert als „Antiken" in die Welt, und es muß für den Meister ein eigenartiger Triumph gewesen sein, als er, den man so häufig als argen Sünder am klassischen Geiste verketzerte, sein Vaterrecht an dieser gepriesenen „Antike" betonen konnte.

Und als ein Werk antiken Ursprungs könnte wohl auch die Statuette eines blühenden Weibes gelten, das, mit der Linken leicht auf einen Pfeiler gestützt, mit der Rechten auch das letzte seine weiche Gliederpracht noch verhüllende Mantelstück in entschlossener Bewegung vom Schoß zurückschlägt und dabei unwillkürlich den Kopf senkt (s. Abb. 19). Auch das ist ein wohl an einem Modell ungemein glücklich beobachteter Moment, aber zugleich ist das Ganze ein künstlerisch vollendetes Lied vom Weibe, von der Schönheit überhaupt. Die ruhige, graziöse, übrigens äußerlich an ein Lieblingsmotiv Praxitelischer Statuen erinnernde Stellung, der weiche Fluß der so zart ineinander übergehenden üppigen Formen, weisen hier schon auf die vollendete Meisterschaft. —

Die römische Hochzeitsreise, deren Hauptwerk bezeichnenderweise die Venus- und Amorgruppe bleibt, dehnte sich auf ein ganzes Jahr aus, dann bezog das junge Paar das Erdgeschoß des anheimelnden Gartenhauses „am Karlsbad" in Berlin; das Atelier aber befand sich auf dem ehemaligen Albrechtshof. Und es sah bald das regste Schaffen. Die treffliche lebensgroße Gruppe einer jungen Mutter, die mit beiden Armen ihren Knaben hochgeschwungen hat und nun zu dem von ihrer Schulter ein wenig ängstlich herabblickenden Liebling mit zurückgeworfenem Kopf jubelnd emporschaut, erinnert im Motiv an die „Centaurengruppe" der Frühzeit, in der Formenbehandlung aber reiht sie sich am nächsten und völlig würdig der Venus- und Amorgruppe an. So froh und liebenswürdig ist hier die Mutterwonne erfaßt, daß schon dieses eine Werk genügen könnte, um die gesunde Wurzel Begasscher Kunst zu gewährleisten. Neben dieser Gipsgruppe, der Brunnenfigur eines prächtigen Knaben, der sich das Wasser aus einem über dem Kopf erhobenen Krug über die Haare laufen läßt (f. Abb. 20), und einem weiblichen Porträtkopf, befanden sich auf der Akademischen Kunstausstellung von 1868 auch zwei Medaillons, in denen Begas stofflich abermals mit Thorwaldsen in Wettbewerb trat. Es sind dies die bald darauf in den Besitz des Herrn Ernst von Mendelssohn gelangten Reliefs: „Venus auf ihrem Taubenwagen" (f. Abb. 21 und die Skizze Abb. 39) und „Ganymed und Amor." Die letzte Gruppe zeigt die vollen, muskelschwellenden Formen, welche Begas in seinen früheren Werken oft auf Kosten einer allseitig harmonischen Durchbildung des menschlichen Körpers so gern bevorzugt. Dieser Ganymed ist nicht die reine „Jugend-Milch," wie man den von Thorwaldsen bevorzugten Typus des göttlichen Mundschenks treffend genannt hat. Es ist ein kräftiger, halb bäurischer Gesell, der auch einen jungen Hercules vorstellen könnte. Gemächlich lehnt er mit übergeschlagenen Beinen an einem Felsen und reicht dem ihm zu seiten sitzenden Amor die Trinkschale, die dieser eifrig zum Munde führt. Die ganze Scene atmet ruhiges

Behagen und in dieser Hinsicht gleicht sie dem im Hauptmotiv inhaltlich durchaus identischen Relief Thorwaldsens, auf welchem Amor von der ihm diesmal vom Bacchus selbst dargebotenen Schale nippt. Allein die Geschlossenheit der Thorwaldsenschen von einem Halbkreis umgebenen Komposition und die Schönheit ihrer sanft geschwungenen Hauptlinien ist von Begas fast geflissentlich vermieden. Vollständig malerisch gehalten ist auch das zweite Medaillon, ein echtes Reliefbild. Auf Wolken gleitet das leichte Wägelchen der Aphrodite durch die Lüfte; auf Wolken sitzt der allerliebste Amor, der den noch frei flatternden Tauben seine beiden mit Futter gefüllten Händchen entgegenstreckt. Die Deichsel ist nach innen gerichtet und verläuft im Relieffond. So erblickt der Beschauer auch die Hauptgestalt, die Venus selbst, in starker Verkürzung im Rücken, in formal komplizierter und doch durchaus natürlicher Haltung, den rechten Fuß emporgezogen, das Haupt aber mit scharfer Wendung im vollen Profil zur Seite gerichtet. Schultern, Nacken und Rücken sind meisterhaft durchmodelliert, und ungewöhnlich schön sind hier auch die Gesamtkonturen

Abb. 48. Studie. Zeichnung.

Abb. 49. Studie. Zeichnung.

der Gestalt, die Formen dabei zart und weich, wie bei den Frauengestalten eines Boucher. Auch dieses Relief bezeugt, daß die stürmische Wucht des jungen Meisters sich unter den Händen der Liebesgötter geglättet hatte.

Von dieser Auffassung der Frauenschönheit ist auch am Schillerdenkmal, das 1869 größtenteils vollendet war, wenigstens in die Gestalt der „Lyrik" ein Zug übergegangen, und überhaupt hatten diese seit der ersten Konkurrenz 1862 verflossenen sieben Jahre der Sturm- und Drangzeit des Künstlers, der noch jenes geniale erste Konkurrenzmodell zum Schillermonument angehörte, ein Ende gemacht. Auch in seiner Wertschätzung galt er nun als einer der bedeutendsten Bildhauer Berlins, der schon Schule zu machen begann, und die „Rauchianer" mußten sich damit abfinden.

Bis zum Vollgenuß allseitig anerkannter Meisterschaft aber war er noch keineswegs durchgedrungen. Vielmehr sollten ihm und seiner Kunstweise gerade die allernächsten Jahre Angriffe genug bringen. —

Die 1870er Ausstellung enthielt von ihm das lebensgroße Gipsmodell eines „Merkur," einen vortrefflichen dem Ganymed jenes Medaillons verwandten männlichen Akt.

Seine weichen, gelegentlich etwas „verbeult" erscheinenden Formen sind bereits charakteristisch für die eigenartige, der klassicistischen Tradition entgegengesetzte Weise, in der Begas im menschlichen Körper das Verhältnis zwischen Knochengerüst, Fleisch und Haut auffaßt. Der Knochenbau als solcher wird nicht betont, obgleich die Leitpunkte mit erstaunlicher Sicherheit bestimmt sind; über das Muskelfleisch breitet sich ein ungleichmäßiges Fettpolster und läßt die Oberfläche weicher, und daher auch reicher an Hebungen und Senkungen wirken, als dies an den antiken und vollends an den klassicistischen Statuen der Fall ist, bei denen die Haut sich straffer und minder elastisch um die Muskeln strafft. Ob die Begas'sche Auffassung in der That, wie man gesagt hat, hierdurch den Körperbau der germanischen Rasse im Gegensatz zur romanischen zum Ausdruck bringt, oder ob sie nicht vielmehr eine individuelle ist, mag dahingestellt bleiben. Ihre Verwandtschaft mit derjenigen eines Rubens spricht jedenfalls für das letztere. — Dieser „Merkur" zählt seinen Gewinst. Später hat Begas für den Hof der Berliner Börse einen mehr aristokratischen Hermes geschaffen, in dem das Blut antiker

Götter Praxitelischen Stammes reiner rollt, als in seinen meisten übrigen Gestalten. Leichten Fußes scheint er nur flüchtig zu rasten, in der Rechten den Caduceus haltend, die Linke graziös erhoben, und aufwärts blickend mit strahlendem Antlitz.

Die Hauptarbeit im Jahre 1870 und im Beginn 1871 nahm aber noch immer das Schillerdenkmal in Anspruch. War doch Begas mit Rücksicht auf dieses von der Teilnahme am Feldzug noch im letzten Augenblick befreit worden, nachdem er — er hatte als Einjährig-Freiwilliger bei der Garde-Infanterie gedient — bereits zur Armee eingezogen war, und „so hat Schiller möglicherweise das Leben eines bedeutenden Künstlers gerettet." Von anderen Werken, die den Künstler damals beschäftigten, sei besonders ein Modell für das Ehrendenkmal des Grafen Ludwig von Batthyány hervorgehoben. Dem unglücklichen ungarischen Ministerpräsidenten von 1848, der als das erste Opfer des österreichischen Kriegsgerichts unter Haynau gefallen war, sollte 1870 in Pest, wo man ihm als Nationalhelden feierlich ein neues Grab schuf, ein Monument gesetzt werden. Ein allgemeiner Wettbewerb war ergangen, und Begas beteiligte sich an demselben mit einem besonders großartigen Entwurf, der den Genius der Freiheit bannerschwingend über dem Leichnam des Gerichteten zeigte. Diese geistvoll-dramatische Gruppe verfehlte auch ihren Eindruck nicht, allein sie streifte den Gedanken an eine Wiedervergeltung zu nahe, um bei den damaligen politischen Verhältnissen für das Batthyánydenkmal verwertet werden zu können. — In ganz anderem Sinne brachte sich Begas bei einer Gelegenheit um den Erfolg, die an sich so recht geeignet schien, sein Können in das beste Licht zu setzen.

Der impulsive Zug in seinem Schaffen, das schon bei der ersten, flüchtigsten Thonskizze von so genialem Wurf zu sein pflegte, schien zu einem Werk flüchtiger Festdekoration, aber größten Maßstabes besonders berufen. Man durfte daher an die beiden Kolossalstatuen, mit denen Begas beim Einzug der siegreichen Truppen in Berlin den Potsdamer Platz schmücken sollte, hohe Erwartungen knüpfen. Allein dieselben blieben diesmal nach dem übereinstimmenden Urteil seiner Gegner und seiner Freunde unerfüllt, und diese beiden sitzenden Frauengestalten, welche neben der vom Architekten Lucae und dem Bildhauer Moritz Schulz ausgeführten Mittelgruppe des „Sieges von Sedan" die beiden eroberten Hauptfestungen „Straßburg" und „Metz" verkörpern sollten, mußten manche böse Reden über sich ergehen lassen — sei es, daß ihre äußerliche Symbolik, sei es, daß die für den verhältnismäßig kleinen Platz zu wuchtig gehaltene Formensprache dies

Abb. 50. Studie. Zeichnung.

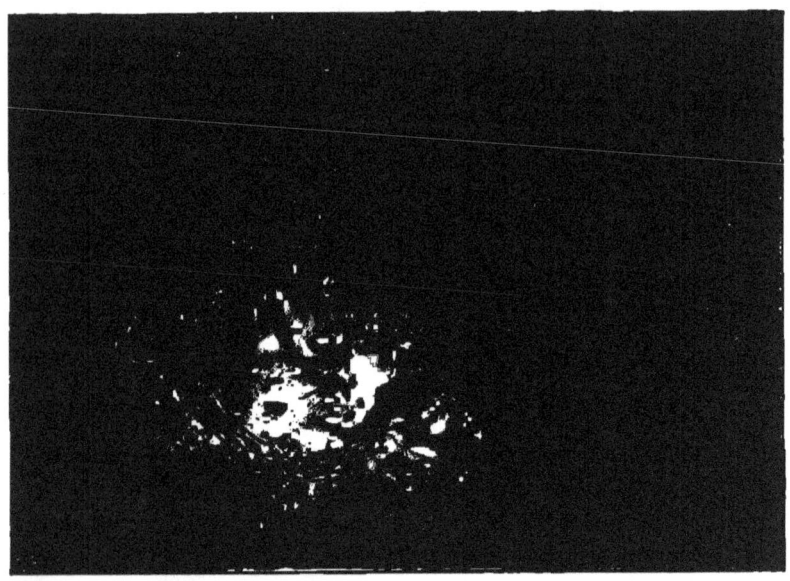

Abb. 51. Stuble. Zeichnung.

verschuldet hat. Um so glänzender hat Begas später bei einem ähnlichen Anlaß durch ein leider auch nur kurzlebiges Werk seine Kunst bewährt, als es Ende 1878 galt, den Dank des deutschen Volkes für die Genesung seines greisen Kaisers nach dem verruchten Nobilingschen Attentat monumental auszusprechen. Die Kolossalstatue der Germania (s. Abb. 22), die, das Verbrechen unter ihrem Fuß zermalmend, ihr schönes Haupt und beide Arme zum Himmel erhebt, war ebenso großartig, wie ausdrucksvoll, ein Meisterwerk aus einem Guß, an welchem man trefflich erkennen konnte, wie jene zuerst an der Borussia der Börsengruppe erprobte Kunstsprache sich geläutert hatte.

Das hätte freilich schon lange zuvor die nur wenige Monate nach dem Einzug der Truppen, am 10. November 1871, erfolgte Enthüllung des Schillerdenkmals lehren können, aber dieselbe ließ zunächst vielmehr nur den Kampf der Meinungen, welcher die ersten Skizzen begleitet hatte, heftig wieder aufleben. Ein Kunstkritiker schreibt damals: „Mit wem man auch ins Gespräch kommt: nach den ersten fünf Minuten ist man beim Schillerdenkmal an-gelangt, und sofort auch beim Streite." Auch heute ist derselbe noch nicht ganz verstummt, und nur darüber ist man einig, daß das Schillermonument zu den charaktervollsten Berlins gehört. Und eine ähnliche Stellung gebührt ihm innerhalb der Kunst seines Schöpfers in deren erster Entwickelungsperiode. Die vier Sockelfiguren vor allem zeigten klar, was Begas wollte, und was er an der Schwelle gereifter Meisterschaft konnte. Zum erstenmale verkündete nun ein öffentliches Denkmal, daß in der deutschen Monumentalplastik eine neue Epoche begonnen habe.

Allerdings sollte das zweite Dichterdenkmal in Berlin, dasjenige Goethes, wiederum eine andere Kunstweise zum Siege bringen, die in vieler Hinsicht gerade die schönste Entwickelungsphase der durch Rauch begründeten Schule kennzeichnet. An dem 1872 ausgeschriebenen Wettbewerb hatte sich auch Begas mit einem Modell beteiligt, in welchem die sitzend dargestellte Hauptfigur nicht ohne Monumentalität war, aber sie hätte keinesfalls dem nationalen Bilde Goethes in gleichem Grade entsprochen, wie die königliche Statue, mit welcher Fritz Schaper diese Hauptaufgabe der deutschen Monumentalplastik so vortrefflich gelöst hat. Hervorgehoben sei jedoch, daß die glückliche Gesamterscheinung von dessen Goethedenkmal, die Art, wie dort die Sockelfiguren am Postament angeordnet sind, wie dieses als Ganzes mit der Porträtstatue zu einer plastisch geschlossenen Einheit verbunden ist, den fortwirkenden Einfluß des Begasschen Schillermonumentes deutlich verrät.

Die erfolglose Konkurrenz um das Goethedenkmal erscheint wie ein Vorzeichen dafür, daß es dem Meister in den nächsten Jahren nicht glücken sollte, seine Werke monumentaler Gattung so verwirklicht zu sehen, wie er sie plante. Eines der schönsten unter ihnen, das 1874 ausgestellte Grabdenkmal des jüngeren, nach kurzer Ehe verstorbenen Sohnes Dr. Strousbergs (s. Abb. 23), ist überhaupt nur Entwurf geblieben, da der Konkurs des Auftraggebers, des berühmten Finanzmannes, schon 1875 begann und die noch 1879 von Ludwig Pietsch im Hinblick auf dieses Werk ausgesprochene Hoffnung auf „einen neuen Umschwung seines Glücksrades" bekanntlich nicht erfüllt worden ist. Das hat der deutschen Sepulkralplastik wenigstens bisher die Ausführung und öffentliche Aufstellung eines ihrer besten Werke geraubt. In gleicher Formen= und Linienharmonie, wie in dieser figurenreichen Gruppe, hatte sich Begas' Kunst bisher nicht ausgesprochen, und die eigenartige Verbindung von Naturalismus, echt monumentalem Wurf und Anmut im ganzen, wie auch teilweise schon in der Durchbildung des einzelnen, gibt dieser Arbeit allen bisherigen gegenüber noch eine besondere Bedeutung. Der Verstorbene hatte ein junges Weib und zwei Kinder zurückgelassen. Ganz leise klingt dies in den Idealfiguren an, die hier seine Bahre umgeben. Auch der auf dieser Ge-

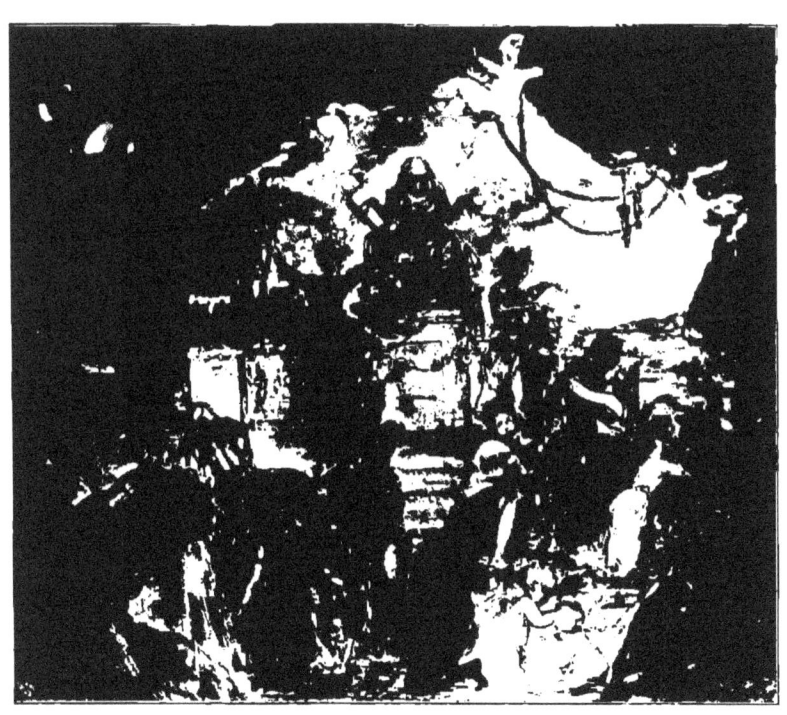

Abb. 52. Skizze zu einem Theatervorhang.

lagerte selbst ist kein realistisches Porträt eines Toten. Es scheint, als entfliehe ihm der letzte Atemzug, als sinke in diesem Augenblick sein Haupt, vom irdischen Schmerz erlöst, zur ewigen Ruhe zurück. Und es ist hold gebettet im Arm und auf dem Schoß der jungen Frauengestalt, die bewegt auf seine geschlossenen Augen blickt und seine herabgesunkene Rechte sanft emporhebt. Die Jugendschönheit des Lebens neigt sich über den Tod, und zwei reizende Knaben schleppen Rosen und Kränze herbei. Gewiß gleichen sie eher Liebesputten, als Grabesgenien und zeigen unbekümmert um die Stätte des Todes die schalkhafte Grazie echter Kinder. Entspricht denn das nicht aber der Wirklichkeit? Und leidet darunter die ergreifende Gesamtwirkung? Auch den Hellenen war solche Auffassung des Grabschmuckes nicht fremd, „auch der Wind, der von den Gräbern der Alten herweht, kommt" — wie Goethe sagt — „mit Wohlgerüchen über einen Rosenhügel!"

Kompositionell feierte die sogenannte „malerische" Auffassung hier einen wahren Triumph, denn niemand wird dieser Gruppierung trotz ihrer Freiheit die plastische Geschlossenheit bestreiten.

Nur Entwurf, wie dieses Grabdenkmal, blieb leider auch einer der glücklichsten monumentalen Gedanken, zu dem Begas zwei Jahre später durch einen neuen Wettbewerb für die Denkmäler deutscher Geistesfürsten angeregt wurde: der beiden Humboldts. Vom Hergebrachten völlig abweichend sind seine Modelle hierfür jenem Stronsbergschen Monument innerlich unmittelbar verwandt. Auch bei ihnen ist die übliche strenge Symmetrie der Gruppierung zu Gunsten einer gewissermaßen malerischen Anordnung aufgegeben, ohne daß dabei das harmonische Gleichgewicht der Massen und die plastische Einheitlichkeit des Ganzen im geringsten Abbruch erlitte. Ungewöhnlich volle Töne hat seine Künstlerphantasie hier ihren Saiten entlockt, und dieselben schallten in das klanglose Einerlei der Berliner Standbilder besonders hell hinein. Begas schuf hier Gruppen, wie sie bisher nur in der Kleinplastik, etwa in Biskuitmasse und Terrakotta, üblich waren, und gab ihnen doch einen monumentalen Zug (s. Abb. 24, 25). Auf kräftigen,

guirlandenumzogenen Pfeilern ragen die beiden Porträtbüsten auf. Diejenige Wilhelms von Humboldt trägt schon den Lorbeerkranz, und ein Jüngling mit mächtiger Fackel, der sich leicht an den Pfeiler lehnt, blickt zu ihm empor, während auf der anderen Seite eine jugendliche auf den Stufen des Postamentes sitzende Frauengestalt sinnend in einer Schrifttafel liest. Ihr Gegenstück am Denkmal Alexanders ist eine Alte, von dem Sibyllengeschlecht jener „Philosophie" des Schillermonumentes, mit aufgestütztem, vorgebeugtem Haupt, völlig in das Studium ihrer Folianten vertieft, während ihre jugendliche leicht geschürzte, Blumen tragende Genossin auf der anderen Seite des Pfeilers im Begriff ist, das Haupt des Denkers mit dem Lorbeerkranz zu krönen. Auf den Zehen richtet sie sich dabei graziös empor, ein wirksamsten Kontrast zu der zusammengekauerten Alten. Der Wohllaut dieser Gruppen wäre um so schöner zur Geltung gelangt, als die Monumente vor dem Vorgarten der Universität zu seiten des Eingangsportals Aufstellung finden sollten. Trotzdem drang ihr Meister mit ihnen nicht durch. Für das Denkmal Wilhelms von Humboldt, dessen Kosten der Staat trug, wurde ein Entwurf des Bildhauers Paul Otto gewählt, der ihn auf hohem, würfelförmigem Postament auf einem Lehnsessel sitzend darstellt, in vornehmer Haltung, sinnend zurückgelehnt, im Anschluß an die Sitzbilder antikrömischer Staatsmänner und Philosophen. Damit war natürlich auch für das Denkmal Alexanders, für welches ein Privatkomitee die Mittel aufbrachte, die gleiche Auffassung unerläßlich, und Begas mußte sich zu einem entsprechenden neuen Entwurf entschließen. Jene beiden Modelle sind dann später nur als solche, freilich im Bronzeguß, durch die Ausstellung von 1883 bekannt geworden. Das in Marmor ausgeführte neue Denkmal Alexanders von Humboldt (s. Abb. 28), welches erst 1883 enthüllt wurde, vermag sich mit ihnen an Schwung und Originalität nicht zu messen. Begas' ganze Schaffensart erscheint wenig geeignet, sich einem gegebenen Typus zu fügen, und seine höchste Begabung kann sich in einer Porträtstatue in moderner Tracht und in der üblichen Auffassung nicht frei entfalten. Dazu kommt, daß die Gestalt des

Abb. 53. Selbstbildnis. Ölgemälde.

greisen Forschers an sich einer monumentalen Wiedergabe weniger günstig war, als diejenige seines Bruders Wilhelm. Im Verhältnis zu dessen Darstellung durch den Bildhauer Otto hat Begas ein mehr naturalistisches, in gewissem Sinn auch schlichteres Bildnis gegeben, obgleich das Zeitkostüm bei beiden Figuren das gleiche ist. Würdevoll, aber doch auch bequem, ist seine Haltung; die Beine leicht gekreuzt, die Rechte mit einer Pflanze auf dem Schoß ruhend, den linken Arm aufgestützt. Durch die Lage der in Kniehosen steckenden Beine erhält die ganze Figur eine Seitenwendung nach links hin, und als Füllung und Gegengewicht ist daher rechts ein über einen Globus in malerischen Falten breit herabfallendes Stoffstück angeordnet.

Allein diese ganze Stellung will doch besser für ein Gemälde passen, als für ein statuarisches Denkmal, und auch die Haltung des Oberkörpers, der bei dieser Art des Sitzens notwendig zu kurz erscheint, ist wenig günstig, denn sie gibt selbst dem Rock manche kleinliche und gequetschte Falten. Dafür aber kann das Haupt entschädigen. Hoch ragt es auf, durch seinen ruhigen Ausdruck und klaren Blick besonders imponierend, ein lebendiges, meisterhaft gearbeitetes Bildnis. Am Sockel erklingt wieder das Lied vom Weib und von der Jugendschönheit, dem diesmal, der Stätte entsprechend, ein auf die Natur

Abb. 51. Bildnis. Ölgemälde.

und ihre Wissenschaften bezüglicher Text untergelegt ist. Das Relief der rechten Seite (Abb. 26) zeigt eine, mit übergeschlagenem Bein gelagerte Frauengestalt als Lehrmeisterin eines neben ihr sitzenden Knaben, der eifrig in einem mächtigen Folianten liest, während sein weit jüngerer Genosse mehr spielend, nach Kinderart, mit dem Zirkel am Globus mißt. Die Knaben sind nackt, und besonders der Körper des älteren ist in seiner spröden Magerkeit vortrefflich durchgebildet; über den Frauenleib aber ist teilweise ein faltenreiches Gewandstück gebreitet, das nur den Oberkörper und das eine, schön geformte Bein frei läßt. Diese Gestalt ist eine Schwester der „Lyrik" des Schillerdenkmals, aber ihre nackten Arme und Schultern, der zarte Halsansatz und der Kopf, dessen schönes Profil sich von dem gelösten Haar so reizvoll abhebt, zeigen doch, wieviel weicher und zarter die Formenbehandlung des Meisters inzwischen geworden ist. Das lehrt noch besser das zweite Relief (s. Abb. 27), denn dort ist die gelagerte Frauengestalt ganz hüllenlos, und ihr Gesamtumriß erscheint durch die natürlichere Lage in gleichmäßiger Richtung, ohne die Kopfwendung und die dadurch bewirkten Kontraposte, noch gefälliger. Zwei Kinder hat sie an Brüsten, nach dem uralten Bild der erzeugenden, ernährenden Allmutter Natur. Auch ihr Haupt, von dem die Haare breit zum Nacken herabfließen, ist von regelmäßiger Schönheit, und dabei doch individuell, jedem leeren Typus fern. — Besondere Beachtung erheischt hier noch die Umgebung dieser Figuren und der Reliefstil an sich. Es sind im wahren Sinne des Wortes Reliefbilder, so weit von dem klassizistischen, durch Thorwaldsen eingeführten Stil entfernt, wie die reliefierten Landschaften und Tierstücke der hellenistischen Zeit vom Parthenonfries. Das Rasenlager, auf welchem die Gestalt der „Natur" ruht, erscheint nur als der vorderste Teil einer Wiesenlandschaft, über welche Bäume und Buschwerk ihre Blätter neigen, und auf dem anderen Relief öffnet der geraffte Vorhang den Einblick in ein Gemach. Dabei ist das Relief im ganzen doch durchaus flach gehalten, und die starken Hebungen und Senkungen der Formen sind nur eine durch meisterhafte Reliefperspektive erzielte Illusion. Durch reine Zeichnung und durch feinste Modellierung wird hier im Relief ein vollständig bildartiger Eindruck erreicht. Diesen Weg hatte Begas schon bei den kleinen, nur zu flach und skizzenhaft gebliebenen Seitenreliefs am Sockel der Schillerstatue beschritten: es war die letzte Konsequenz jener Umkehr zum malerischen Reliefstil, der in der modernen Berliner Plastik mit dem Bildfries am Blücherdenkmal Rauchs schüchtern begonnen hatte. —

Dieser malerische Zug spielt auch selbst noch in das mehr ornamental gehaltene Frontrelief am Sockel der Humboldtstatue hinein (s. Abb. 29). Er äußert sich dort in den verkürzten Stellungen der beiden niedlichen Kindergenien, die mit Fernrohren über dem Tafelrand sitzen, und ebenso an der liebenswürdigen Belebung des die Namensinschrift umgebenden Lorbeerkranzes durch allerhand Getier, Schlangen und Eidechsen, Falter und Käfer. Selbst an diesen ihren kleinsten Wesen zeigt sich die vortreffliche Beobachtungsgabe, die Begas — ein großer Naturfreund und leidenschaftlicher Jäger für die Tierwelt besitzt.

Trotz dieser mannigfachen Vorzüge des ganzen Denkmals bleibt es aber bedauerlich, daß es Begas nicht vergönnt war, seinen ursprünglichen Entwurf auszuführen. Man begreift da wohl, daß ihm, der ohnehin keine zu Kompromissen neigende Natur ist, nach den beim Kölner Königsdenkmal, beim Schiller- und beim Humboldtmonument gesammelten Erfahrungen das ganze Konkurrenzwesen, und die mit ihm verbundene Abhängigkeit von einem vielköpfigen Ausschuß verhaßt wurden. Mit bitteren Worten hat er sich darüber in seinen „Aphorismen" ausgesprochen: „Vier Augen sehen mehr als zwei," sagen die Anbeter der Kommissionswirtschaft. Ja, wenn sich's darum handelt, Eicheln zu suchen! Ein großes Kunstwerk kann immer nur von einem erdacht und ausgeführt und schließlich auch beurteilt werden. Schon oft haben bedeutende Künstler es erlebt, daß ihre Entwürfe als Hengste in die Kommissionsställe gingen und als Wallache wieder herauskamen." — Auch beim Wettbewerb für das Münchener Liebig-denkmal, 1878, gelang es Begas nicht, mit seiner vortrefflichen Arbeit durchzudringen. Diesmal hatte er den Gelehrten stehend wiedergegeben, erhobenen Hauptes, mit der Rechten, ähnlich wie der Berliner Schiller, in die Falten des von der Schulter herabsinkenden Mantels greifend, mit der Linken leicht auf eine Herme gestützt. Der Sockel zeigte je eine, den Modellen zu den Humboldtdenkmälern ebenbürtige Freigruppe: die „Chemie," als ein stattliches Weib auf den Stufen gelagert, von zwei Retorten tragenden Kindergenien begleitet, und die „Landwirtschaft," einen nackten Pflüger, dem ebenfalls ein Puttenpaar gesellt war. München erhielt sein dem Humboldtmonument in Berlin ähnliches Liebigdenkmal dann 1883 durch Wagmüller und Rümann. —

Dagegen hatte Begas schon im Jahre der Humboldtkonkurrenz zwei prächtige Werke fertiggestellt, die fern von Berlin „seine Hand weisen" und seinen Namen

Abb. 55. Bildnis. Ölgemälde.

Abb. 56. Bildnis. Ölgemälde.

rühmen sollten. In Budapest war am unteren Donauufer ein neues öffentliches Schlachthaus großen Stiles nach den Plänen der Berliner Architekten J. Hennicke und von der Hude erbaut worden, für dessen Bogenschlußsteine Begas Tierköpfe modellierte, und für dessen Thorpfeiler er zwei Kolossalgruppen eines Stieres und eines Büffels nebst ihren Bändigern schuf (s. Abb. 30 bis 32). Die physische Urkraft im Tierkörper zu beobachten und sie plastisch festzuhalten, mußte ihm eine wahre Lust sein. Alle Hilfsmittel waren zur Stelle, denn aus Ungarn traf ein lebendiges Rasseexemplar eines Pußtatieres ein. So entstanden zwei prächtige Werke. Vortrefflich ist in dem einen ein am Schlachthof alltägliches, wohlbekanntes Momentbild festgehalten, das Tier und Mensch in einer ungemein bezeichnenden, lebensvollen, plastisch wirksamen Gruppe darstellt. Der Kopf des Stieres wird durch einen um seine Hörner gewickelten Strick, der unten durch einen am Boden befestigten Eisenring geht, mit wuchtigem Ruck herumgerissen. Die Schwerfälligkeit und der passive Widerstand des Tieres gelangen prächtig zur Geltung, besonders auch im Gegensatz zu der elastischen Mannestraft, die aus der fast nackten, herkulischen Gestalt des am Strick zerrenden Jünglings spricht. Vollkommen ruhig, gleichsam statuarisch, ist dagegen die andere Gruppe aufgefaßt, in welcher sich der ebenfalls fast nackte Mann mit dem Rücken beinahe behaglich an den Büffel lehnt, die Beine leicht gekreuzt, die Arme breit ausgestreckt, in der Rechten, wie spielend, das Schlachtbeil haltend, während der Büffel seinen mächtigen

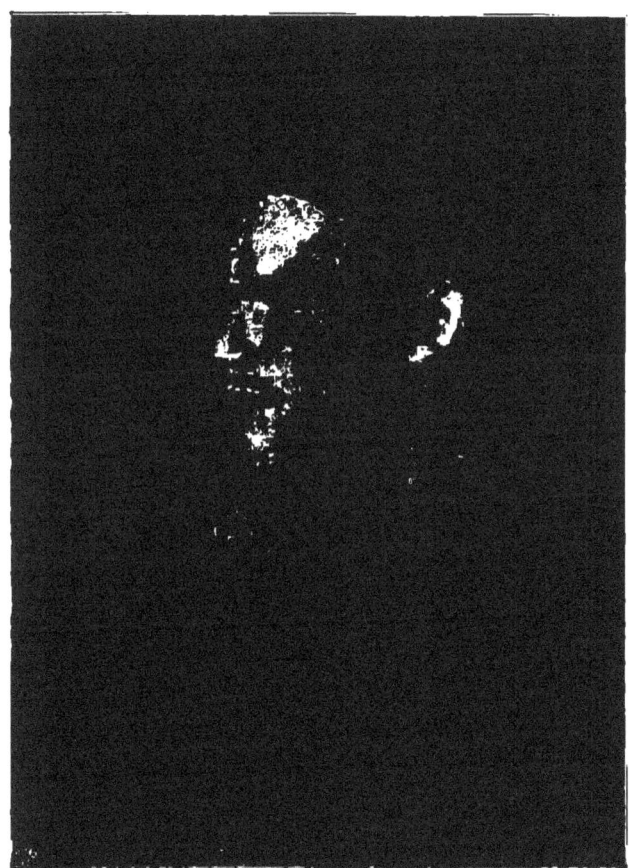

Abb. 57. Bildnis Lenbachs. Ölgemälde.

Kopf mit schlängelnder Halsbewegung nach vorn streckt. Für den nackten Menschenleib bildet das zottige Tierfell den wirksamsten Hintergrund. Diese vom Wiener Bildhauer Sommer in grauem Kalkstein aus je einem einzigen mächtigen, drei Meter hohen Block ausgeführten Gruppen zählen zu den ersten deutschen Arbeiten, welche sich an Naturwahrheit und Größe mit der französischen, durch Barye begründeten Tierdarstellung messen können. —

Begas wurzelt mit dem besten Teil seiner Kunst im festen Boden der Wirklichkeit. Wenn er dichtet, so dichtet er so unmittelbar in Formen, wie der Musiker in Tönen. Es gibt für ihn „keine Gedanken, die nicht mit der Form zusammengedacht werden." (Gilt dies doch auch für den Bildhauer noch unmittelbarer, als für den Maler! Das bewirkt die Erdenschwere seines Stoffes. Andererseits aber hat Begas selbst den Satz ausgesprochen, der ihn und seine Kunst dauernd von den Anhängern eines rückhaltlosen und rücksichtslosen Realismus trennt: „Die Plastik, die mehr als eine Übersetzung des Angeschauten betrachtet werden muß, darf sich — im Gegensatz zur Malerei — nicht entfernen von dem visionären, dichterischen Element in der Kunst, ohne banal und geschmacklos zu werden."

Diese eigenartige Steigerung drastischer Wirklichkeit zu einem von poetischer Schwungkraft getragenen Kunstwerk spricht in dieser Periode, allerdings mit ungleichem Erfolg, aus zwei Gruppen, welche keinem äußeren Anlaß, sondern der freien Künstlerphantasie ihre Entstehung danken. Beide erheben das Hauptthema, welches Begas bisher so reichen Schwäche ihrer Weiblichkeit so reizende Gestalt der antiken Psyche gewählt. Allein aus dem scheuen Kind ist ein begehrenswertes Weib geworden, und der, dem es sich anvertraut, ist kein zottiger, bocksfüßiger Pan, sondern ein Jüngling strahlend in Kraft, der geflügelte Götterbote Merkur, der sie nach allen ihren irdischen

Abb. 59. Bildnis. Ölgemälde.

gern behandelt hatte, das Lied von der Frauenschönheit, zu einem Wechselgesang: dem Weibe gesellt sich der Mann, der Mann als solcher, als sein Beschützer, aber auch als sein Besieger und Herr. — Vollständig in der Rolle des sich ihm vertrauensvoll hingebenden Schützlings bleibt das Weib in der ersten dieser Gruppen, deren Gipsmodell 1874 auf der Ausstellung allgemeines Aufsehen machte (s. Abb. 33). Und wie bei seinem Jugendwerk, hatte Begas auch hier wieder die gerade in der sieg- Qualen emportragen soll zu den Höhen des Olymps, wo ihrer der Gatte und die Unsterblichkeit harrt. Wundervoll hat das Raffael in der Farnesina geschildert, die dürftigen Worte des Apulejus selbständig fortdichtend. Leichten Fluges schwebt das Paar aufwärts, während Merkur der Erdgeborenen von den Freuden erzählt, die ihr im luftigen Reich der Götter bevorstehen. Damit darf man die Begassche Gruppe freilich nicht vergleichen. So wollte und konnte der moderne Bildhauer die Scene nicht auffassen. Ihn reizte an ihr nur das, was hier allein plastisch darstellbar ist, oder besser umgekehrt: sie gab ihm den willkommenen klassischen, mythischen Namen für eine Gruppe, deren Formenwelt an sich geln an den Fersen und am Hute vertrauen, sondern seiner auch in den Augen der Menschen zuverlässigen Muskel= und Sehnenkraft. Der Götterjüngling des Giovanni da Bologna ist wohl zum Fliegen, jedoch nicht auch

Abb. 59. Bildnis. Pastell

seinen Künstlersinn lockte. Er sah die Gruppe plastisch, das heißt in diesem Fall körperlich, und innerhalb der in der irdischen Körperwelt herrschenden Gesetze. Diese Last ist bei aller Zartheit kein Schemen, sondern ein Weib, aus Fleisch und Blut: so darf auch der Träger, der mit ihr leicht von dannen eilen soll, nicht nur den überirdischen Flü- zum Tragen geeignet! — Je wuchtiger aber der Körper des Trägers, um so schwieriger, ihn leichten Fluges fähig erscheinen zu lassen und überhaupt in die ganze Gruppe den Ausdruck der Bewegung zu bringen. Begas giebt ein ganz reales Bild, das sich unschwer im Modell so stellen läßt, und er hat dabei doch den Moment gewählt, der sich auch ver=

Abb. 66. Adolf Menzel.

standesmäßig, kunsttheoretisch, für die Plastik als der „fruchtbarste" erweist.

Damit Merkur die schöne Last um so leichter und sicherer auf seine Schultern nehmen könne, stützt er sich mit dem rechten Bein knieend fest auf den Felsen auf, während das linke als Standbein vorgesetzt ist. So beugt er sich leicht zurück, zu der ihm hinten auf erhöhtem Boden zur Seite stehenden Psyche, und umfaßt mit der rückwärts greifenden Linken ihre Hüfte, während seine emporgehobene Rechte ihre rechte Hand greift. Sein Haupt ist in den Nacken zurückgeworfen, und Psyche schmiegt sich an seine Schulter. Ängstlich schaut sie herab. Merkur aber sieht mit leuchtenden Augen froh zu ihr auf, als wolle er ihr Mut einsprechen. Er ist völlig nackt, den Unterkörper der Frau aber umhüllt ein leichtes Gewand, und bei sen wie im Winde flatternde Falten, und vollends das segelartig geblähte Stoßstück, das in weitem Bausch bis vorn über den Schenkel Merkurs fliegt, steigert den Eindruck der Bewegung: im nächsten Augenblick wird er sich mit seiner Last in die Lüfte erheben, zuerst langsam, dann schneller und schneller, dem Adler gleich. — Der Merkur ist eine vortreffliche Aktfigur; sein kräftiger Körper in seiner immerhin ungewöhnlichen Haltung, die besonders die Brust und Armmuskeln in starker Spannung vor Augen führt, mustergültig durchgearbeitet in engem Anschluß an das Modell, wie beispielsweise die Fältchen an den Weichen zeigen, und dabei ist in diesem jugendlichen, lockigen Haupt doch ein idealisierender Zug so weit gewahrt, daß man hier den Götterboten anerkennt. Zu der Psyche aber will der mythische Name nicht in gleicher Harmonie stimmen. Ihr Körper zwar widerspricht dem nicht, wohl aber das Gesicht; nicht deshalb, weil seine Züge individuell sind — sie sind, zumal durch den etwas ängstlichen Ausdruck besonders liebenswürdig — sondern weil sie jenen eigenartigen Charakter haben, den wir als „modern" bezeichnen. Dazu mag am meisten die bei Begasschen Frauenköpfen übrigens sehr häufige gescheitelte, toupierte Haarfrisur beitragen, deren effektvolle Sorgfalt der übrigen „Kostümierung" etwas widerspricht. Nicht ganz unrichtig schrieb damals ein Kritiker: „Diese Psyche ist eine etwa zwanzigjährige Dame unserer Gesellschaft." Diese Gruppe wurde in staatlichem Auftrag in Marmor ausgeführt und 1878 in der Berliner Nationalgalerie aufgestellt. Die gleiche Scene hat auch den Stoff zu einem Medaillonrelief geboten (s. die Skizze Abb. 34).

Anders äußert sich die Vollkraft seiner Kunst in einem 1876 ausgestellten Werk, welches wiederum Mannes- und Weibesschönheit nebeneinander verherrlicht, diesmal aber in einer so großartigen, packenden Art, wie in keinem unter allen seinen vorangegangenen Arbeiten. Es ist dies die nachmals in Bronzeguß in den Besitz des Herrn von Caritanjen in Köln gelangte Gruppe: „Der Raub der Sabinerin" (s. Abb. 35).

Wenn es gälte, ein einzelnes Werk zu nennen, in welchem sich die kunsthistorisch bleibende Eigenart von Reinhold Begas am bedeutendsten verkörpert, so dürfte diese Gruppe wohl vor allen seinen anderen Arbeiten den Vorzug erhalten. Es verlohnt sich, bei ihr etwas länger zu verweilen.

Der Weiberraub ist ein uraltes Lieblingsthema der Plastik. Seine erste bedeutende Darstellung in der griechischen Skulptur bieten die kühn verschlungenen Gruppen im westlichen Giebel des Zeustempels zu Olympia, welche den Raub der Lapithenjungfrauen durch die bei der Hochzeit des Peirithoos berauschten Centauren schildern. Da zeigt sich vor allem die brutale Wildheit im Angriff und die verzweifelte Gegenwehr, die Sinnlichkeit muß in diesem Augenblick höchster Anspannung aller Kräfte verstummen. Anders faßte die römische Kunst und, gleich ihr, die der Hochrenaissance und der Barockzeit ähnliche Scenen auf. Schon dadurch ward der Gesamtcharakter verändert, daß der Frauenleib im Verhältnis zur Kraft des Räubers klein und zart, in physischer Hilflosigkeit dargestellt ist. Als eine feder leichte Last hebt in Giovannis da Bologna berühmter Gruppe der Sabiner die Geraubte empor, die in nutzloser Klage die Arme ausstreckt. So trägt auch Pluto in Berninis nicht minder bekanntem Werk in Rom die Proserpina wie ein Kind von dannen, das

Abb. 61. Moltke.

Abb. 62. Bismarck. Marmorbüste. Nationalgalerie in Berlin.
(Nach einer Aufnahme von Zander & Labisch in Berlin.)

stellung zu leerer Lüsternheit herabgesunken. — Dem faden Liebesgirren dieser lendenlahmen Gestalten gegenüber wirkt die Begas'sche Gruppe mit wahrhaft elementarer Gewalt. Der Mann und das Weib, die sie darstellt, sind innerhalb ihres Geschlechtes sich ebenbürtig an Kraft.

Nicht hoch emporgehoben hat der Römer die Geraubte, sondern er umfaßt ihren Leib unterhalb der Brust mit beiden Armen und hält sie, nicht ohne die stützende Hilfe des ausschreitenden Beines, in der Schwebe. Es ist mehr ein Schleppen, als ein Tragen denn dieses Weib ist nicht, wie jene seine Schwestern, eine nur klagende Beute. Jede Muskel spannt sich zum Widerstand, die Wucht des Leibes durch seine Bewegung vergrößernd. Sie bäumt sich, sie rackt mit der gerade ausgestreckten Rechten die Gurgel des Mannes und preßt dadurch seinen Kopf zurück, so daß ihr Arm als Hebel wirkt, in unvergleichlich drastischer Art den letzten Versuch ausdrückend, ihren Räuber von sich fern zu halten, von ihm loszukommen. Aber dessen Arme umspannen sie wie mit eisernen Klammern, unter denen das Fleisch zu starken Falten schmerzhaft gequetscht wird, und gellend ertönt ihr Schrei — der Schrei der noch kämpfend Besiegten! Und als Sieger fühlt sich auch der Mann, obschon er seine Kräfte noch bis aufs äußerste anspannen und das Haupt

sich mit nur geringen Kräften zu sträuben vermag. Wuchtiger hat dann Girardon diese Scene in Versailles geschildert, obgleich der Räuber auch dort seine Beute in die Lüfte schwingt: sein sturmschneller Schritt, und die wilde Siegesfreude, die aus seinem Antlitz leuchtet, giebt dem Ganzen einen dramatischen Zug. Bei seinen Genossen und Nachfolgern aber, besonders bei den für Friedrich den Großen thätigen französischen Meistern, und vollends bei ihren dürftigen handwerksmäßigen Nachahmern, welche den Park von Sanssouci mit ähnlichen „Entführungsscenen" bevölkerten, ist die Darunter dem krallenden Griff des Weibes zum Schutz des Halses scharf zur Brust neigen muß. Vom hohen Helm beschattet, scheinen seine Augen von Kampflust, aber auch von wilder Siegesfreude zu glühen. Kopftypus und Haltung können an den Menelaos der Pasquinogruppe erinnern, der den Leichnam des Patroklus aus dem Schlachtgetümmel trägt, nur umfaßt dieser Begassche Römer keinen Toten, sondern das blühendste Leben, und in seinen Siegestriumph mischt sich doch auch etwas von dem Jubel des Mannes, der sich das herrlichste Weib errungen. So hat Rubens den Raub der Sabinerinnen dargestellt, und kaum minder weit, wie dessen Phantasie, scheint sich die des Bildhauers hier von der Hauptaufgabe der plastischen Kunst zu entfernen: denn eine gewaltsame, impetuose Bewegung herrscht in dieser Gruppe, die aus blitzschnell aufeinander folgenden Momenten einen einzelnen herausgreift. In diesem Sinn kennzeichnet sie in der bisher überblickten Entwickelung Begasscher Kunst einen Gipfelpunkt. Es ist so recht ein Stoff, an welchem sie sich voll entfalten konnte: unverhüllte Menschenschönheit in lebendigster Aktion, ein Männer- und ein Frauenleib in schärfster Kontrastwirkung nebeneinander. Hier hat er sich auch bei deren Wiedergabe zu einem wahrhaft großen Stil erhoben. Alles Nebensächliche, Kleinliche ist in ihrer Form zu Gunsten der plastisch maßgebenden Muskelpartien und im Hinblick auf den Gesamteindruck fortgelassen. Und dieser ist trotz der stürmischen Bewegung der Gestalten von einer im besten Sinne plastischen Geschlossenheit. Die statische Ökonomie bei aller Formenfülle ist bewundernswert; die Komposition als solche ein Meisterstück, und doch ist in diesem Aufbau nichts Erklügeltes, und in diesen Gestalten nichts Studiertes. Als Urbilder menschlicher Kraft erscheinen sie, besonders diese Sabinerin mit ihrem im Winde fliegenden Haar und ihrem Antlitz, das trotz Scham, Schmerz und Verzweiflung, und trotz des im Schrei weit geöffneten Mundes, so schön bleibt! —

In keiner späteren Behandlung hat Begas das Thema „Mann und Weib" so großartig gestaltet, wie hier. Die „Centaurengruppe" (s. Abb. 36), welche 1881 in Berlin ausgestellt und 1886 in Bronze gegossen wurde, ist in gewissem Sinn ein Gegenstück zu „Merkur und Psyche." Selbst dem äußeren Motiv nach. Ein bärtiger Centaur läßt ein junges, nacktes Weib zum fröhlichen Ritte aufsitzen. Sein menschlicher und sein tierischer Teil sind dabei mit gleichem Eifer behilflich. Den Rosseleib neigt er tief herab, das eine Vorderbein fest auf den Boden stemmend, und den Manneskörper dreht er zurück, den herabhängenden linken Arm als Steigbügel darbietend, und mit der Rechten die der Reiterin fassend, welche sich, um sich emporzuschwingen, mit ihrer Linken auf den Bug aufstützt. Diese komplizierten

Abb. 63. Bismarck. Bronzebüste. Ruhmeshalle in Berlin.

Abb. 61. Kronprinz Friedrich Wilhelm.
Zeughaus in Berlin.
(Nach einer Aufnahme von Zander & Labisch in Berlin.)

Stellungen sind so sicher und natürlich wiedergegeben, wie es nur bei souveräner Herrschaft über alle Formen des bewegten Menschenkörpers möglich ist. Und wieder ist der Gegensatz zwischen den weichen, schwellenden Gliedern des Weibes und dem muskulösen, sehnigen Manneskörper trefflich ausgenutzt. Diesmal aber verbindet sich der letztere mit dem Pferdeleib zum mythischen Urweltwesen. Der Übergang ist so glaubwürdig und naturwahr, wie bei den besten Antiken und bei den Centauren Genellis oder Böcklins. Es ist ein Geschöpf aus einem Guß, eines von denen, bei denen „es keinem einfällt, zu fragen, ob man mit zwei Mägen, zwei Herzen und sechs Gliedmaßen auch vor der gestrengen Wissenschaft der Anatomie bestehen könne." Aber auch im anderen Sinne gilt von diesem Fabelwesen, was Paul Heyse so köstlich von seinem „letzten Centauren" sagt: „Er hält offenbar etwas auf sein Äußeres," und dadurch assimiliert er sich dem zierlichen Menschenkind, das er auf seinen funkensprühenden Hufen von dannen zu tragen im Begriff steht. Durch den erhobenen Vorderfuß und die ungemein flüssigen Einzellinien wird der Gesamtumriß, der sich einem rechtwinkeligen Dreieck nähert, gefällig belebt, und wie die ganze Komposition stärker ins Malerische hinübergreift und mehr für einen kleinen Maßstab berechnet scheint, so auch die skizzenhafte Formenbehandlung im einzelnen.

Am Ende der hiermit beschrittenen Bahn steht als die „malerischste" unter diesen Begasschen Gruppen das 1887 auf der Berliner Akademischen und auf der Wiener Jubiläumsausstellung vielgefeierte Werk: „Der elektrische Funke" (s. Abb. 37). Dasselbe ist unter Begas' Arbeiten auch in anderer Hinsicht eigenartig. Während er die Formengedanken seiner Idealplastik sonst fast ausschließlich in das Gewand antiker Mythe und Sage kleidet, zählt diese Gruppe zu den frühesten und glücklichsten Versuchen der modernen Kunst, die Errungenschaften modernen Lebens idealistisch zu verkörpern, und zwar für eine dekorative, halb kunstgewerbliche Aufgabe, wenn sie auch wohl nicht unmittelbar nur für diese allein erdacht ist. Diese Gruppe bildet den Kandelaberfuß eines elektrischen Lichtspenders. Seltsam, daß man ihre Symbolik dabei trotzdem vielfach mißverstand! Zu der elektrischen „Kraft" als solcher hat sie nur mittelbar Beziehung. Nur deren Übertragung will sie darstellen, nur das uns heute schon alltägliche Momentbild des bei flüchtig streifender Berührung blitzartig von Körper zu Körper hinüberspringenden Funkens, und dafür ist durchaus treffend der flüchtig erhaschte Kuß gewählt. Die Frauengestalt, die sich hier in schneller Umarmung zum Jüngling herabbeugt, berührt nur noch mit einer Fußspitze den festen Boden, ihr linker Arm umfaßt den Stamm eines Palmbaumes, in dessen Blattkrone die Glasglocken für das elektrische Licht hängen, und so scheint sie sich schnell emporzuschwingen. Der sie umfangende Jüngling aber stützt dabei das eine Knie auf einen Felsblock und biegt den Oberkörper stark zurück, um einen Kuß auf die Lippen des Weibes zu drücken. In dieser starken Bewegung der beiden Gestalten zittert ihre psychische Erregung nach, und das Ganze erhebt sich bedeutend über eine nur dekorative Wirkung und eine nur virtuose Anordnung. Wieder sind die Gegensätze der Bewegungen glänzend durchgeführt; wieder ist die Bewältigung der statischen Schwierigkeiten musterhaft.

Die Gruppe ist sowohl für Bronze wie für Marmor berechnet und in beiden Materialien vervielfältigt — und um so vortrefflicher, als die „Entmaterialisierung" hier sehr weit geht und einzelne Glieder, wie die Beine und der linke Arm des Weibes, von der Hauptmasse vollständig gelöst, zum Teil ganz freitragend gebildet sind. Um so viel Leben und Schwung in plastische Formen zu bannen, dazu bedarf es einer Meisterhand; und nur wo sich die Phantasie auf eine gereifte technische Erfahrung sicher stützt, wird es überhaupt möglich, so kühnen Flug zu verkörpern. Allein derselbe führt allerdings schon an die Grenze des plastisch Zulässigen, zumal der Freikulptur. Nicht für jeden Standpunkt schließen sich die Formen und Linien dieser Gruppe so harmonisch zusammen, wie bei den übrigen, die oben geschildert wurden; und wenn man sie umschreitet, fehlt es selbst an unschönen Ansichten nicht. Ihr Reiz kommt wohl am günstigsten bei dem für unsere Abbildung gewählten Standort zur Geltung, und wenn man sie etwa vor einer flachen Wandnische aufstellt, kann man die minder befriedigenden Ansichten dem Beschauer leicht entziehen. Diese Kompositionsweise ist an sich kaum ein Mangel, denn sie herrscht auch in einer ganzen Reihe der berühmtesten Gruppen des Altertums und der Renaissance, am häufigsten aber in denen des achtzehnten Jahrhunderts, wo die Freude an der Wiedergabe schnellster Bewegung und an der Besiegung der vom Material gebotenen Hemmnisse den Bildner mit dem Maler wetteifern läßt. Dennoch bewährt das Begassche Werk gerade diesen Arbeiten gegenüber doch die gesunde, plastische Anschauungsweise seines Meisters, und man braucht sie nur etwa mit den virtuosen Potsdamer Gruppen der Adam zu vergleichen, um dies richtig zu würdigen.

Dieser „malerische" Zug ist den Bildwerken des Meisters von Anbeginn zu eigen gewesen. Er trat am Anfang seiner

Abb. 65. Kronprinz Friedrich Wilhelm.

Laufbahn schon in der Börsengruppe hervor, um sich dann, in milderer Form, besonders in den späteren Zweifigurengruppen zu einer bewußten stilistischen Eigenart zu entwickeln. Er spricht auch keineswegs nur

handlung der Haarpartien, die nicht — wie im Rauchschen Neuklassicismus — durch regelmäßige Strichlagen gegliedert oder plastisch streng stilisiert sind, sondern in breiten, oft die Haartextur als solche gänzlich unter-

Abb. 66. Kaiser Wilhelm I.

aus der Komposition als solcher, aus ihren Gesamtumrissen und Formenmassen, sondern folgerichtig auch aus der Detailierung. Das, was in derselben dem Laien so oft als nur skizzenhaft, als unfertig erscheint, deckt sich häufig mit dieser in gewissem Sinne der Malerei entlehnten Anschauungsweise des Formenbildes. So beispielsweise in der Be-

drückenden Massen nur für die Gesamtwirkung berechnet erscheinen. Am bezeichnendsten aber ist dafür die Begassche Behandlung des Gewandes. Bei seinen bekleideten Figuren — so am Schillermonument und an der Humboldtstatue — legt es sich breit und schwer, in starken, zahlreichen Falten über die Körperformen, als eine dicke, oft wul-

stige Hülle. Das ist wiederum ein prin=
cipieller Gegensatz zu der bei Rauch und
seiner Schule herrschenden Art, denn dort
soll die Gewandung im Sinne der antiken
Plastik die unter ihr befindliche Körper=
zu Unbestimmte und Zerflossene und ebenso
alles bis zur Zerrissenheit und Kleinlich=
keit Geteilte." Die großen Vorzüge dieses
Rauchschen Prinzipes sind unbestreitbar;
ihre Gefahren aber gipfeln darin, daß das

Abb. 67. Kronprinzessin Viktoria.

form möglichst klar wiedergeben, sie soll,
wie Goethe sagt, das „Echo" der Gestalt
sein. Und ferner soll sie dort auch an sich
schöne Linien bieten, im Sinne einer selb=
ständigen Stilistik, denn gerade von dem
Faltenwurf gilt der Bischersche Satz: „Häß=
lich in der plastischen Auffassung ist alles
Gewand, der gewebte Stoff, in der plasti=
schen Wiedergabe seine textile Eigenart völlig
verliert, daß die auch künstlerisch so reiz=
vollen Unterschiede zwischen den Falten
starker und dünner, wollener, leinener und
seidener Stoffe plastisch verflüchtigt worden.
Das ist gewissermaßen die „idealistische"

Abb. 68. Kaiser Wilhelm II.

Abb. 69. Kaiserin Auguste Viktoria.
(Nach einer Aufnahme von Zander & Labisch in Berlin.)

Abb. 70. Bildnis.

oder Rahmens überschneidet: er läßt es an einzelnen Stellen sich dick und wulstig bauschen, an anderen wieder in kleine und kleinste, auch wohl kleinliche Fältchen zerfließen. Eine Stilistik zu Gunsten weich und schön geschwungener Linien und harmonischer Flächen kennt er nicht. Man beachte in diesem Sinne beispielsweise die Gewandung der „Geschichte" am Sockel des Schillerdenkmals, die zwei ihrer Tafeln stützend unter ihre Knie gestellt hat (s. Abb. 14). — Diese Auffassung wahrt Begas auch da, wo er in besonders meisterhafter Weise das gewandartige Stoffstück nur in seinem Kontrast zum nackten Menschenleib, als dessen Folie verwertet, oder aber auch, um die statisch notwendige Stütze für die Marmormasse zu gewinnen. Und wiederum fügt sich sein Stil hierbei folgerichtig seiner Vorliebe für malerische Bewegtheit der Gestalten. Bei der Merkurgruppe bringt der links in weitem Bausch wie gebläht fliegende Stoff und das Kleid der Psyche die Situation vortrefflich zum Ausdruck; ähnlich auch das zarte Gewandstück, das von der sich

Behandlung des Gewandes. Begas bekennt sich auch da von Anfang an zum Realismus. Er gibt ein bestimmtes Stoffstück wieder, das er über das Modell breitet, und dabei leitet ihn mehr ein malerischer, als ein plastischer Sinn. Er drapiert es gern so, daß es zu den Hauptformen der Gestalt möglichst wirksame Kontraste bildet und vielfach die geraden Linien des Sockels emporschwingenden Frauengestalt, der „Elektricität," weich herabflattert; und in analoger Art sprechen die am Boden schleifenden Gewänder der geraubten Sabinerin und der Reiterin des Centauren die passive Bewegung aus. Vor allem aber dienen diese Stoffstücke überall dazu, um den Gruppen in rein künstlerischem Sinn reich bewegte, schwungvolle Linien und Formenfülle zu geben. Allerdings innerhalb eines mehr malerischen Geschmackes. —

Für diesen ist bei einem Bildhauer die Art, wie er Stift und Kreide bei seinen Skizzen handhabt, kaum minder bezeichnend, als seine Führung des Modellierholzes und des Meißels. Nur hat die Kunstgeschichte leider verhältnismäßig selten Gelegenheit, hiervon Vorteil zu ziehen, denn die meisten dieser Bildhauerskizzen sind verloren gegangen, sie sind vielfach auch nichts anderes, als die ersten Fermente, in welche sich das noch in unbestimmten Zügen bewegende Phantasiebild umsetzt. Sobald es festere studie und Entwurf für die Thonskizze. Diese Zeichnungen sind also nur Durchgangsstadien im langen Werdeprozeß des plastischen Werkes, meist nur dessen erste, noch sehr wandlungsfähige Keime. Ja zuweilen nicht einmal dies, sondern lediglich die sichtbaren Spuren eines blitzähnlich vorübereilenden Formengedankens. Dennoch werden sie für seinen Kunstcharakter ungemein bezeichnend, denn sie gestatten einen Einblick in dessen ureigene Welt (s. Abb. 38 bis 52). Sie zeigen zunächst, wie er die Formen „sieht": nicht in der klaren Bestimmtheit reiner Linien, sondern in weichen,

Abb. 71. Sarkophag des Kaisers Friedrich III in Potsdam.

Formen annimmt, greift der Plastiker zum Thon, denn er sieht, wenn anders er ein rechter Bildner ist, nicht Linien oder Farben, sondern Formen. So erklärt es sich, daß große Bildhauer nicht selten sehr schlechte Zeichner waren. Das gilt beispielsweise für Rauch. Gottfried Schadow dagegen kann auch als Plastiker schon allein nach seinen Skizzen und Zeichnungen ziemlich klar beurteilt werden, und diese haben vielfach den Wert selbständiger, bis ins kleinste in sorgsamer Vollendung durchgeführter Kunstwerke. — Für Begas ist die Skizze nur ein gelegentliches Mittel, ein flüchtig vor seiner Phantasie auftauchendes Bild festzuhalten, für sich selbst, als Vor-

flüssigen, zum Teil selbst verwischten Konturen. Scheinbar unsicher, mit häufig ändernden Wiederholungen, sind diese Kreide- und Federstriche gezogen, und dennoch runden sie sich meist zu vollen Gestalten, deren Bewegungsmotive klar genug ausgesprochen sind, um die künstlerische Absicht auch dem Laien deutlich vor Augen zu führen. Auch diese Skizzen bezeugen, daß Begas das „Problem der Form" von der malerischen Seite aus erfaßte. Und wie sich hierin sein künstlerisches Sehvermögen äußert, so spiegeln diese Zeichnungen auch inhaltlich die Lieblingswelt seiner Phantasie. Auch in diesen ihren intimsten Äußerungen verkehrt sie fast ausschließlich mit graziös und leb-

Abb. 72. Vom Grabmal Kaiser Friedrichs III in Potsdam.
(Nach einer Aufnahme von Zander & Labisch in Berlin.)

haft bewegten Idealgestalten, denen man unmittelbar Namen aus der antiken Mythe und Sage geben könnte. Es sind wahrlich keine realistischen Modellstudien, keine nüchternen Kopien der Wirklichkeit, und wo dieselbe hier überhaupt als Modellakt wiedergegeben ist, geschah es offenbar nur, um für das einzelne, bereits vor der Phantasie feststehende Motiv, das natürliche Vorbild, festzuhalten. Für den Charakter dieser Phantasie selbst ist unter diesen Entwürfen einer besonders kennzeichnend, welcher nicht als Bildwerk, sondern als dekorative Malerei gedacht ist: es ist die Skizze zu einem Theatervorhang (s. Abb. 52). Niemand würde hier auf einen Bildhauer schließen; wohl aber könnte sie ein Maler von der Art Makarts geschaffen haben. Die Zeichnung scheint Farbe zu gewinnen: der von Amoretten geraffte Vorhang tiefpurpurn, der Mittelgrund mit dem weißen Marmoraltar hell schimmernd, und ebenso rechts die sonnige, hellenische Landschaft; die figürlichen Gruppen aber in allen Abstufungen von der zarten, lichten Haut der Jungfrauen bis zum sonnengebräunten Leib des Flußgottes, und der im Hintergrunde erynnienhaft thronenden Alten, die, vom Rauch der Altarflammen umzogen, das ganze, seltsam phantastische Bild hervorzuzaubern scheint.

Wenn schon diese Zeichnung beweist, daß Begas nicht nur malerisch, sondern auch farbig „sieht," daß seine Phantasie mit der koloristischen Sprache wohlvertraut ist, so bringt eine ganze Reihe von Ölgemälden und Pastellen hierfür die unmittelbare Bestätigung. Hat er, der Bildhauer, sich doch sogar in einem 1874 gemalten Selbstporträt als Maler mit Pinsel und Palette verewigt! (s. Abb. 53.) Mit beiden wußte er von Jugendzeit auf in der That gut umzugehen. Das ist bei einem Kind des Begasschen Hauses begreiflich genug. Der römische und dann der Weimaraner Freundeskreis konnte diese Neigung nur unterstützen, und später hat der Meister sie zeitweilig eifriger gepflegt. Davon geben zahlreiche Familienbildnisse Kunde (s. Abb. 53 bis 59). Manche von ihnen verraten den Einfluß Lenbachs, vor allem dessen eigenes während der gemeinsamen Lehrthätigkeit in Weimar entstandenes Porträt (s. Abb. 57). Die meisten aber sind ungemein schlicht aufgefaßt, ohne jede momentane Steigerung des Ausdrucks, in ruhiger Gegenwart. Bis zu welcher Frische der Auffassung Begas aber auch auf diesem Nebengebiet seines Schaffens zuweilen gelangt ist, zeigt am besten das auch in technischer Hinsicht vortreffliche Pastellporträt seines Schwagers (s. Abb. 59).

Man hat Begas lange Zeit zu den Vorkämpfern des „Realismus" gezählt und in seinen Werken, besonders in seiner Darstellung der Frauenschönheit, Sinnlichkeit und eine Apotheose des Fleisches gesehen. Daß er in Wahrheit viel mehr geben will und viel mehr gibt, als das Bild der ihm vor Augen stehenden Wirklichkeit, hätten schon seine frühesten Arbeiten lehren können. Die Gesamtkomposition zeigt allerdings vielfach einen thatsächlich beobachteten Moment, und hier und da gemahnt ein Kopf, eine Muskelpartie, ein Detail an das bestimmte Modell. Allein das Ganze in seiner Totalität ist nirgends nur dessen Spiegelbild, es ist vielmehr eine freie Schöpfung und in jenem höheren Sinne „stilisiert," der das Kunstwerk, und vollends das plastische, von der mechanischen Wiedergabe scheidet. Das bezeugen selbst seine Aktstudien, wie beispielsweise die eines in voller Vorderansicht dargestellten Athleten („Der Ringer"). Nirgends geht Begas darauf aus, mit der Treue eines Gipsabgusses einen individuellen Menschenleib Form für Form auch in allen seinen rein zufälligen Einzelheiten nachzubilden. Gerade die Unterdrückung der letzteren zu Gunsten eines typischen Menschenbildes, wie es in klarerer Form vor seiner Phantasie als vor seinem leiblichen Auge steht, und die Unterordnung der Details unter den Gesamteindruck — sie sind es, die der Begasschen Behandlung des Nackten zuweilen für Laienaugen etwas Skizzenhaftes, fast Unfertiges geben. Daß Begas dabei völlig bewußt verfährt, beweist sein Ausspruch: „Man sagt: Warum soll nicht alles gut sein?" Dieser Einwand ist aber nicht ganz berechtigt; es darf in der Kunst nicht alles gleichwertig behandelt werden.

Abb. 73. Vom Grabmal des Prinzen Sigismund in Potsdam.
(Nach einer Aufnahme von Zander & Labisch in Berlin.)

Es muß sogar vieles Nebensächliche weg=
fallen, damit der Beschauer nicht von der
Hauptsache abgelenkt werde." — Doch sicher=
lich eine Absage an den „reflexionslosen
Naturalismus!" —

Und eine solche hat er in seinem Lebens=
werk selbst noch genialer, als bei den bis=
her geschilderten inhaltlich „idealen" Stoffen,
gerade auf dem Gebiet bethätigt, welches
der realistischen und naturalistischen Auf=
fassung am weitesten Vorschub leistet: bei
seinen Porträtbüsten. Hinterließe Begas
nichts anderes, als diese: er bliebe gleich=
wohl in der Geschichte der deutschen Plastik
der Gegenwart eine Hauptgestalt. Schon
unter seinen Jugendarbeiten zeugen die
beiden Büsten des Professors Boeckh und
besonders des Generals von Pencker für
seine Begabung als Porträtist. In seinem
Schiller zeigt sich dieselbe minder glücklich,
dagegen ist an der Statue Alexanders von
Humboldt der Kopf weitaus das Beste.
Dieses bartlose, breite Haupt mit seinem
vom Alter ausgemeißelten und doch noch
so kräftigen Formen, mit seinem bei aller
Ruhe so ausdrucksvollen Blick und der
mächtigen Stirn, zieht den Beschauer immer
von neuem in seinen Bann, so unwider=
stehlich, daß man schließlich die in ihrer
zusammengesunkenen Haltung minder fesselnde
übrige Gestalt wenig beachtet. Die Macht
wissenschaftlichen Denkens scheint in diesem
Porträtkopf allgemeingültig verkörpert. Und
dabei hat hier die Marmorfläche gleichsam
persönliches Leben gewonnen. Wie sie sich
auch abseits der großen Hauptpartien zu
malerischem Licht= und Schattenspiel hebt
und senkt, wie da gewissermaßen die Textur
der Haut in den Stein übertragen ist,
ohne doch als Erzeugnis eines kleinlichen
Naturalismus zu wirken — das ist eine
Meisterleistung. Dieselbe gehört einer ganz
anderen Kunstwelt an, als die Köpfe der
Porträtstatuen Rauchs, und trägt im Hin=
blick auf diese in der That einen naturali=
stischen Charakter, aber sie ist ihnen trotz=
dem an monumentaler Größe ebenbürtig.
Rauch hat 1851 eine vortreffliche Büste
Alexanders von Humboldt gearbeitet. Neben
dem Kopf der Begasschen Statue erscheint
dieselbe etwa wie ein Kupferstich neben einer
Radierung. Jedoch wie ein Stich in Linien=
manier, wie ein Kartonstich! Es fehlen
die feinen Übergänge von Schatten und
Licht; den Formen kann man eine gewisse
Härte nicht absprechen. Es ist, als sei in
ihnen das Leben in einem ihm fremden
Element erstarrt. So kommt ein abstrakter
Zug hinein: Rauch bleibt auch hier der
Meister der glatten Wangen.

Begas aber ist, wenn auf irgend einem
Gebiet seines Schaffens, so in seinen Por=
trätbüsten, ein Feind jeder konventionellen
Glätte. Man könnte ihn den Lenbach der
deutschen Plastik nennen. Und auf diesen
Namen hat er auch anders begründeten An=
spruch. Wie die Gemälde Lenbachs, so
bieten auch die Porträtbüsten von Begas
ein Stück deutscher Geschichte. Die Reihe
seiner Meisterwerke unter den Büsten er=
öffnen diejenigen von Adolf Menzel und
von Moltke, welche, mit der später ent=
standenen Bismarckbüste, der Berliner Na=
tionalgalerie angehören. Nie zuvor hatte
Begas so rückhaltlose Anerkennung gefunden,
wie 1877, als er sein Menzelporträt aus=
stellte (s. Abb. 60). Da mußten selbst seine
persönlichen und principiellen Gegner sich
ihm beugen. Allerdings zählt Menzel zu
den prägnantesten Persönlichkeiten unseres
Jahrhunderts. Sein Kopf fordert die pla=
stische Wiedergabe geradezu heraus. Die
Natur selbst scheint hier in ihrem „Stil"
als plastische Bildnerin. Begas aber hat
ihr nachgeschaffen. Man muß schon bis zu
den Büsten eines Donatello zurückgehen,
um eine ähnliche monumentale Wiedergabe
der Natur zu finden, wie in den Mund=
und Augenpartien und in dem Schädel
dieses Kopfes. Der Blick ist von erstaun=
licher Energie und Wahrheit. Der leicht
getönte carrarische Marmor mit seinem bald
matten, bald spiegelndem Korn scheint hier
thatsächlich vom Blute durchpulst, und doch
erhebt sich dieses „naturalistische" Bildnis
zu einem kunstgeschichtlichen Dokument. Man
könnte aus ihm die Eigenart Menzelscher
Kunst unschwer herauslesen. An die Büsten
der italienischen Renaissance, die meist ohne
Sockel auf den eigenen Sims, etwa eines
Kamins, aufgestellt wurden, gemahnt dieses
Werk auch schon ganz äußerlich, durch den
geradlinigen Abschnitt, der erst unterhalb
des Ellenbogens durch die ganze Figur
geht, also noch mehr, als ein Brustbild
gibt, und dabei auch die linke, in ungemein
charakteristischer Weise bewegte Hand mit=
darstellt. Dabei ist die Marmorausführung

auch im Stofflichen, am dicht anliegenden Halstuch und an dem derben Hausrock, von einer erstaunlichen Virtuosität. Das gilt auch von der ebenfalls 1876 gearbeiteten, jetzt der Nationalgalerie geschenkten Büste des Bildhauers Ludwig Wichmann, dem hier sein Neffe und Schüler ein Denkmal gesetzt hat. Auch an diesem Kopf lebt und spricht alles, ähnlich wie an dem der Humboldtstatue, und das lose umgeschlungene Halstuch, sowie der Pelz sind unübertrefflich behandelt. 1879 folgte die Moltkebüste, die, auf staatlichen Auftrag in Marmor ausgeführt, 1881 in die Nationalgalerie gelangte. Ein anderes Exemplar ist nebst der Bismarckbüste im Besitz des Grafen Heuckel von Donnersmarck in Berlin (s. Abb. 61). In diesem bartlosen Antlitz, und vor allem auch an dem mageren Hals, hat der Meißel in der That geleistet, was sonst nur der Pinsel oder die Radiernadel hervorzubringen pflegt. Jede Muskel und Hautfalte, jede Venenverzweigung ist wiedergegeben, mit der größten Feinheit. Um diese richtig zu würdigen, möge man diesen Kopf selbst mit Marmorbüsten der italienischen Frührenaissance vergleichen, etwa mit der des Pietro Mellini von Benedetto da Majano. Auch dort ist die Haut äußerst faltenreich, aber sie wirkt neben der Begasschen Darstellung wie geripptes Leder. Nur in den Marmorköpfen Donatellos selbst zeigt sich ein ähnlicher Naturalismus, freilich dann minder weich und malerisch. Dafür hat dieses Begassche Werk aber auch die psychologische Feinheit voraus, welche besonders die Augen- und die Mundpartie so anziehend macht. Auch dieser Kopf ist wahrlich nicht nur ein technisches Virtuosenstück, sondern ein Charakterbild. In dem Marmororiginal der Nationalgalerie krönt er einen Hermenpfeiler, und ein breit drapiertes, malerisch über denselben herabfallendes Stoffstück, als Mantel des Schwarzen Adlerordens gedacht, vermittelt zwischen dem Bildnis und dem Postament. Diese Anordnung erinnert an die Porträthermen des achtzehnten Jahrhunderts, und ebenso die Dekoration des Pfeilers, der von Lorbeerguirlanden und einem feinen Fruchtgehänge umzogen ist, und vor dessen Sims zwei kleine Putten, Geschwister derer des Humboldtpostaments, das Wappenschild umkränzen. Das ist kein innerer Widerspruch zu dem Charakter des Dargestellten, denn wer die Briefe und Zeichnungen Moltkes kennt, weiß, daß im Wesen des großen Schlachtendenkers auch die schalkhaften Grazien nicht fehlten. Allerdings ist dieser Sockelschmuck formal etwas zu miniaturhaft geraten.

Mit nicht geringerer Meisterschaft, wie der sehnigen Magerkeit dieses seinen Greisenkopfes, ist Begas bei seinen Bismarckbüsten (s. Abb. 62 und 63) den vollen und durch das Alter doch schon etwas wulstig geteilten Formen gerecht geworden. Eine leichte Tönung verleiht hier dem Marmor eine wärmere, auf die Hebungen und Senkungen vortrefflich verteilte Färbung. Diese lebensgroße Büste war 1886 auf der Berliner Jubiläumsausstellung, wurde ein Jahr darauf in Marmor ausgeführt und 1889 für die Nationalgalerie angekauft. Diese Sammlung besitzt bekanntlich auch zwei höchst bezeichnende Moltke- und Bismarckbildnisse von der Hand Lenbachs. Beide Meister ergänzen sich eigenartig. Lenbach hat das Dämonische, das Übergewaltige wuchtiger betont; Begas hält sich schärfer an die wirkliche Erscheinung. Jener ist subjektiv und dramatisch, dieser objektiv und historisch. In einem aber sind beide sich innerhalb ihrer Künste gleich: in dem specifisch malerischen Zug. Wie Lenbach aus Farbenflecken ohne scharfe Konturen vor dem magisch leuchtenden Hintergrund seine Gestalten künstlerisch beseelt, so „tockiert" Begas den Marmor mit dem Meißel wie mit einem steinharten Pinsel, seiner Oberfläche tausendfältiges Lichtspiel entlockend. Auf dieses malerische Ausdrucksmittel kommt es ihm vor allem an, nicht auf die scharfe, charakteristische Linie. Das bezeugen auch seine Büsten des Staatssekretärs von Stephan und Mommsens. Darum wirken seine Köpfe am großartigsten in der Vorderansicht. Der Ausspruch David d'Angers': „Le profil c'est l'homme" ist nicht im Sinne Begasscher Porträtkunst. Nicht ganz unabhängig hiervon ist auch die in derselben zeitweilig besonders kräftige Betonung des rein dekorativen Elementes. Der Brauch der Barockzeit, den Büsten durch malerische Drapierung eine volle, imponierende Gesamterscheinung zu verleihen, ist durch Begas neu belebt worden. Besonders willkommen war dies für die Büstenreihe, mit welcher die Feldherrn-

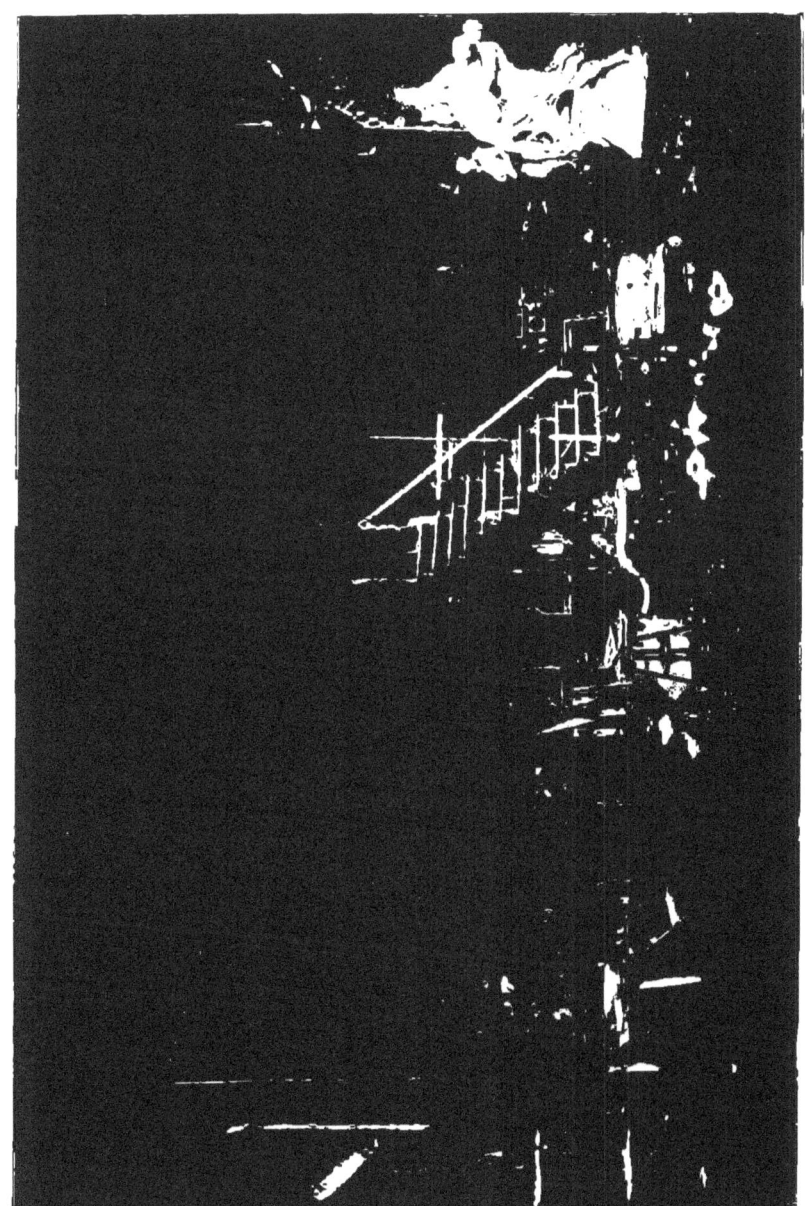

Abb. 75. Atelier mit dem „Kriegsrelief" zum Nationaldenkmal für Kaiser Wilhelm I.
(Nach einer Aufnahme von Zander & Labisch in Berlin.)

hallen im oberen Stockwerk des Berliner Zeughauses geschmückt worden sind. Durch den 1880—1881 von Baurat Hitzig geleiteten Umbau war dieser Teil des alten Zeughauses in eine deutsche Ruhmeshalle verwandelt worden. Der Geist des neuen Deutschen Kaiserreichs weht durch diese Räume. Ihre gediegene Pracht kann nur volle Töne dulden. Weit überlebensgroß erheben sich unter Geselschaps Fresken die helm und Bismarcks aber arbeitete er selbst. Hier ist die von seinen Marmorporträts bekannte Auffassung zum höchsten monumentalen Schwung gesteigert; nicht nur äußerlich, sondern auch gewissermaßen psychologisch, in ihrem Charakter an sich. Der Stolz des Sieges ruht auf diesen Köpfen. Wuchtig und groß ist das Bildnis Bismarcks, so recht ein „rocher de bronze" (s. Abb. 63): ein Siegeshymnus scheint das

Abb. 76. Villa und Atelier von Reinhold Begas in der Stülerstraße zu Berlin.
(Nach einer Aufnahme von Zander & Labisch in Berlin.)

goldig schimmernden bronzenen Standbilder der brandenburgisch-preußischen Regenten, und ihnen schließen sich vor den dunkelroten Wandpfeilern dieses Hauptsaales und der Seitenhallen die Brustbilder der preußischen Feldherren auf hermenartig gestalteten Sockeln an. 1883 wurden dieselben — zweiunddreißig an der Zahl — in Auftrag gegeben, und Begas erhielt dabei die Hauptleitung. Er machte die Skizzen in kleinerem Maßstab, in deren Ausführung sich zwanzig Bildhauer teilten; die Büsten des damaligen Kronprinzen Friedrich Wilhelms herrliche Haupt des Kronprinzen zu umrauschen, das in wahrhaft fürstlicher Haltung, mit leiser Seitenwendung, als sei es leicht in den Nacken geworfen, anfragt (s. Abb. 64). Wiederholt hat Begas den Kronprinzen dargestellt, in immer neuen Variationen (s. Abb. 65) des hier gewählten Grundmotives, bis das Schicksal ihn dazu berief, diesen Heldenkopf in seinem Todesschlaf zu zeigen.

An der Spitze seiner Kaiserbüsten steht zeitlich diejenige Wilhelms I, welche 1881 durch die Berliner Ausstellung allgemein bekannt wurde (s. Abb. 66). Sie gibt, wie jene Bismarckbüste, nur einen halbkreisartig geführten Ausschnitt des Brustbildes, und die Draperie bietet nur der nach vorn über die Brust geworfene Mantel. Sie trägt keine Kaiserkrone, sondern ist barhäuptig; sie ist in ihren Zügen nicht idealisiert, sondern ein lebenswahres Bildnis. Und dennoch ist sie zugleich ein welthistorisches Denkmal und vermag den ersten Deutschen Kaiser auch in seiner gleichsam unpersönlichen Größe und Würde zu verkörpern. Nicht minder großartig aber hat Begas dann auch die Individualität Kaiser Wilhelms II erfaßt; sowohl in der noch den Prinzen darstellenden Büste von 1887, wie in der des Kaisers von 1889, die als Geschenk desselben in den Besitz der Königin von England gelangte und wohlbekannt ist (s. Abb. 68). Hier trägt der Monarch die Gardes-du-Corps-Uniform, und das Haupt ist von deren Adlerhelm überragt. Wie bei der Menzelbüste ist der eine Arm vollständig wiedergegeben, und zwar in Aktion, denn seine Hand greift in die Falten des über die linke Schulter gelegten Pelzmantels. Ähnlich, wie bei der Schillerstatue, steigert diese Bewegung die Geschlossenheit des ganzen Bildes. Die in königlicher Kraft auf sich selbst ruhende Persönlichkeit kommt prächtig zur Geltung. Es ist, als fasse sie in diesem Augenblick den Vollgehalt ihres Wesens zusammen. Und dem entspricht auch der Ausdruck des ein wenig zur Seite gewandten Kopfes mit den blitzenden Augen. Lebensvolle Energie und monumentale Ruhe können kaum besser vereint werden, als hier.

— Einen besonderen Wert erhalten diese Fürstenbildnisse noch dadurch, daß sie keineswegs, wie sonst so oft, nur etwa auf Grund einer einmal gewährten Porträtsitzung ausgeführt wurden. Begas durfte unserem Kaiserhaus schon früh auch persönlich nahe treten, besonders dem Kronprinzen Friedrich Wilhelm und dem Prinzen Wilhelm und ihren erlauchten Gemahlinnen. Schon dadurch war er wie kein anderer zum monumentalen Porträtisten der Hohenzollern berufen, ähnlich wie Anton von Werner zu deren Maler. So stehen auch an der

Abb. 77. Borussia im Hof der Ruhmeshalle in Berlin.
(Nach einer Aufnahme von Zander & Labisch in Berlin.)

Spitze seiner Frauenbüsten diejenigen, die er von der Kaiserin Friedrich als Kronprinzessin (1883) und (1892) von unserer regierenden Kaiserin schuf (s. Abb. 67 und 69). Beide zählen zu seinen vollkommensten Meisterwerken, die seinen Ruhm über alle Schwankungen des Kunstgeschmackes hinaus gewährleisten. Auch bei ihnen folgt er äußerlich der Art des achtzehnten Jahrhunderts. Die Büste der Kronprinzessin Vittoria schließt er durch ein Spitzentuch ab, das, leicht um die nackten Schultern gelegt, vorn in einen Knoten geschlungen, frei herabfallend mit seinem natürlichen

Abb. 78. Krieger im Hof der Ruhmeshalle in Berlin.

Zackenrand den Sockelansatz verdeckt; bei der Büste der Kaiserin Auguste Viktoria ist ein ähnliches Motiv, wie bei der Kaiser Wilhelms II gewählt.

Etwa gleichzeitig mit Begas griff man auch in Frankreich wieder auf diesen reizvollen Büstentypus zurück, und besonders sind es die Frauenbildnisse von Jean Baptiste Carpeaux, die ihn dort von neuem eingebürgert haben. Aber nicht nur diese äußere Gestaltung rückt diese Büsten in einen historischen Zusammenhang mit den glänzendsten Skulpturwerken des vorigen Jahrhunderts, sondern auch ihre geistige Auffassungsweise. Spontaner, als bei den männlichen Büsten, hat Begas hier den Ausdruck gestaltet. Inmitten eines geistvollen Gespräches scheinen sie erfaßt, um die Lippen und um die Augen lagert der Widerschein eines festlichfrohen Augenblicks, an welchem die ganze Persönlichkeit spendend und empfangend beteiligt ist. Dabei ist die künstlerische Behandlung als solche von höchster Vollendung und zugleich unübertrefflich geschmackvoll. Die Gesamtkonturen dieser beiden Büsten sind schon an sich Meisterstücke. Begas hat eine ganze Reihe solcher lebensprühenden weiblichen Bildnisse geschaffen, die der Zukunft als ein unvergängliches Vermächtnis die Frau unserer Tage, freilich nur die der höheren und höchsten Gesellschaftskreise, vor Augen führen werden. Genannt seien nur die der Erbprinzessin Charlotte von Sachsen-Meiningen, sowie die der Frau Gusti Hopsen, Frau Adelsen Bürgers, die seiner eigenen Gattin und die in der äußeren Begrenzung von diesen abweichenden Büsten der Frau Gurlitt (s. Abb. 70) und der Frau Mosse.

Alle diese Büsten überragen die Alltagsstimmung; sie haben etwas Festliches. In Reliefs kleineren Maßstabes läßt sich das allerdings viel schwerer ausdrücken, zumal Begas in seiner Kunst, wie schon betont wurde, die charakteristische Sprache der Linien an sich nicht hervorzuheben liebt. Doch sind auch seine Porträtreliefs, wie die zum Teil vervielfältigten Doppelbildnisse aus der preußischen Königsfamilie, vortrefflich. Zum Kleinmeister ist Begas allerdings minder berufen. Seine skizzenhafte, mehr auf den Totaleindruck abzielende Reliefbehandlung ist für winzigen Maßstab nicht berechnet. Dies tritt bei den nach Begas' Entwurf ausgeführten Medaillen zur Wittenberger Jubiläumsfeier von 1887 und zum achtzigsten Geburtstag Adolf Menzels freilich mehr in den allegorisch-dekorativen Reversdarstellungen, als in den Profilbildnissen hervor, von denen besonders das Kaiser Wilhelms II in der Wittenberger Gedenkmünze ebenso durch seine Frische, wie durch die zarte Reliefierung ausgezeichnet ist. —

Wenn man Begas als Porträtisten recht würdigen will, wird man stets seine Büste an die Spitze zu stellen haben, nicht seine Statuen. Die Figuren Schillers und Humboldts können sich mit den Büsten nicht messen. Der Aufgabe, die moderne Tracht statuarisch brauchbar zu machen, ist Begas überhaupt fern geblieben. So sind auch die beiden in großem Maßstabe ausgeführten Porträtstatuen, mit denen er die nach der Voßstraße gelegene Front des Vorsigschen Hauses in Berlin schmückte, vielleicht gerade deshalb so gut gelungen, weil sie in der ganzen Reihe der dort gewählten Figuren am meisten idealistisch aufgefaßt werden durften. Von den dort zwischen den Fenstern des ersten Stockwerkes vor flachen Halbkreisnischen aufgestellten Statuen großer Männer der Technik und ihrer Wissenschaften entwarf Begas die beiden ersten: Archimedes und Lionardo da Vinci. Jener ist selbstverständlich völlig ein Idealporträt, eine kräftige nur wenig verhüllte Männergestalt, deren Züge etwas an die der bekannten Sokratesbüsten des Altertums erinnern. Der Maßstab ist im Verhältnis zur Nische fast zu groß. Sie lehnt sich an einen Pfeiler und hält in der Linken eine Kugel, an welcher die Rechte den Zirkel zu legen im Begriff ist. So ist die ganze Aufmerksamkeit des Mannes auf seine Messungen konzentriert, von der Außenwelt abgezogen. In dieser Hinsicht gleicht ihr die Leonardostatue, für welche aber ein bestimmtes historisches Bild zu Grunde gelegt werden mußte. Die hoheitsvolle Gestalt umgibt mit breiten Falten ein schaubenartiger Mantel, und das Haupt zeigt den im Anschluß an Lionardos Selbstbildnis entstandenen Typus. Es senkt sich zur Brust herab, denn der Blick ist in ein aufgeschlagenes Buch gerichtet, das die Linke umfaßt, während die Rechte in die Hüfte gestemmt ist. Diese statuarisch ungemein wirkungsvolle Haltung ist für ein Charakterbild Lionardos sehr wohl angebracht. In der That muß diese Künstlerstatue zu Begas' besten Werken gezählt werden, obschon sie letzthin nur einem „dekorativen" Zwecke dient.

Begas bewährt sich auch in seinen Bildnissen in größerem Sinne als ein Vertreter der Idealplastik. Bei aller Wahrheit erscheinen sie in eine festliche Sphäre erhoben. Eine vornehme Größe spricht aus ihnen allen. Das gilt von den Büsten und den Statuen der Denkmäler und Bauten. Um wieviel mehr darf man es da erwarten, wo das Bildnis nicht nur Selbstzweck ist, sondern wo es seiner Aufgabe nach den Beschauer seelisch tief ergreifen soll, wo es im Zeichen des Todes und zugleich doch auch der Unsterblichkeit steht:

an der Grabstätte! Und Begas ist erkoren worden, ein Grab mit seiner Kunst zu schmücken, auf dem eine ganz eigene, heiligende Weihe ruht, das von einem Menschenschicksal erzählt, wie die Weltgeschichte auf den Höhen des Lebens kein ähnlich ergreifendes kennt: die Gruft des zweiten Deutschen Kaisers Friedrichs III. —

Die von der Kaiserin Friedrich selbst bestimmte Gesamtform dieses Grabdenkmals ist eine hergebrachte. Inmitten des edlen von Raschdorff entworfenen Rundbaues neben der Friedenskirche zu Potsdam, über welchem Ewalds ernste Engel stehen, erhebt sich ein rechteckiger Marmorsarkophag, auf dem die Figur des Verstorbenen im Todesschlafe ruht (s. Abb. 71, 72). Das ist der „Tumbatypus" altdeutscher Grabmonumente, wie er durch Rauchs herrliche Gräber der Königin Luise und Friedrich Wilhelms III im Mausoleum zu Charlottenburg neu beseelt worden war. Allein das Begassche Werk ist eine ganz selbständige Schöpfung, und unter seinen eigenen Arbeiten sicherlich eine der edelsten. Vor allem durch die Grabfigur selbst. Auf dem Feldmantel ist sie gebettet, das unbedeckte, mit leichter Seitenwendung schlummernde Haupt durch ein Kissen erhöht, an-

Abb. 79. Krieger im Hof der Ruhmeshalle in Berlin.

gethan mit Waffenrock und Küraß. Die Hände ruhen neben einem Palmenzweig auf der Brust, leicht gekreuzt über das Schwert und den Lorbeerkranz, das Siegeszeichen von Wörth, das dem Entschlafenen mit in die Gruft gegeben wurde. Der Unterkörper ist mit dem Mantel bedeckt, dessen Pelerine sich am Kopfende selbst noch über das Kissen legt und seitlich über den Sarkophagrand herabfällt. Das Fußende aber umhüllt der Hermelinmantel in schweren Falten, die malerisch bis zum Boden heruntersinken.

selbst das Vorbild der Totenmaske ist unverkennbar. Und wieder hat Begas den Marmor hier in malerischer Weichheit behandelt. Nicht vollendeter vermag der Stein den Eindruck der Wirklichkeit wiederzugeben, als in diesem zur Brust wallenden Bart. Die Unbestimmtheit der Form wird hier zum Meisterwerk. Wie sicher der Meißel dabei angewendet ist, möge eine Kleinigkeit zeigen. Über der Oberlippe befindet sich unterhalb des Bartes ein winziges Bohrloch. Ungemein kühn ist diese ganz runde Höh-

Abb. 80. Relief des „Seekrieges" im Hof der Ruhmeshalle in Berlin.
(Nach einer Aufnahme von Zander & Labisch in Berlin.)

Es ist das schönste Bild eines schlummernden Helden, und nur leise breiten sich über ihn die Fittiche des Todes. Tief ergreifend ist dieses hagere Antlitz. Die Wangen sind eingefallen, die tiefliegenden Augen geschlossen, auf der hohen Stirn aber, auf der das Licht wie verklärend spielt, thronen Ernst und Milde. Wer vor diese Gestalt träte, ohne ihren Namen zu kennen — er müßte fühlen, daß hier einer der hochsinnigsten Männer und Dulder der Weltgeschichte ruht. Das ist gewiß der größte Ruhm eines monumentalen Porträts! Denn ein solches bleibt es, und

lung angebracht, aber sie steigert durch ihren konzentrierten tiefen Schatten die natürliche Wirkung, die ohne dasselbe viel geringer wäre. Von vollendeter Schönheit ist auch die Arbeit an den Händen. —

Der Sarkophag selbst wurde absichtlich nur als Nebenwerk behandelt. An den Ecken seines Kopfendes stehen zwei Adler, aber nicht, wie sonst meist üblich, mit leicht ausgebreiteten, sondern mit völlig geschlossenen Flügeln, offenbar nach lebenden Exemplaren genau studiert und in naturalistischer Treue virtuos wiedergegeben. Die Langseiten des Sarkophags — von den Schmalseiten trägt die eine allein sichtbare die Inschrift — sind mit Reliefs geziert, aber nur in zartester Erhebung, so daß die von seinen Umrissen umzogenen Figuren duftig, wie ein Hauch, erscheinen. Hier bleibt der Inhalt allgemeingültig. Idealgestalten verkünden ihn. In der Mitte umschließt je ein Medaillon die Figur der „Gerechtigkeit" und der „Liebe." Die letztere zeigt eine jugendliche Mutter, zwei Kinder herzend. In ihrer reichen, anmutigen Bewegung und Linienschönheit gleicht sie einem Werk Correggios. Mit einer ganz ähnlichen Gruppe hat Begas nachmals eine

der Toten. Er trägt die Züge Friedrichs III, und die beiden ihn empfangenden Gestalten zeigen die Wilhelms I und der Königin Luise, aber auch diese Bildnisähnlichkeit ist nur ganz leicht angedeutet und steht in keinem Gegensatz zu der idealistischen Haltung des Ganzen. —

Das Gipsmodell dieses Grabdenkmals war im Oktober 1888 vollendet und wurde im schönsten weißen Marmor aus Serravezza bei Carrara ausgeführt. Am 18. Oktober 1892 fand es über der Gruft seine geweihte Stätte.

Abb. 81. Relief des „Landkrieges" im Hof der Ruhmeshalle in Berlin.
(Nach einer Aufnahme von Zander & Labisch in Berlin.)

im Besitz der Kaiserin Friedrich befindliche Taufschale geschmückt. Neben dieser „Caritas" erinnern zwei schlichte Reliefs an die Jugenderziehung des Helden zum Waffenhandwerk und zu Wissenschaft und Kunst. Ein vollständig klassisches Gewand ist hier gewählt, ähnlich wie an Rauchs Sockelreliefs der Scharnhorststatue. Links reicht Athena dem Jüngling das Schwert und führt ihm das Streitroß zu; rechts unterweist sie ihn neben einem antiken Torso in den Künsten des Friedens. Auf der anderen Seite schildert das Relief neben dem Themismedaillon die Überführung des Verstorbenen durch Charon zu den Gefilden

Diese Grabkapelle der Kaiserlichen Familie umschließt noch drei andere vortreffliche Werke von Begas' Hand, die dort die Gräber der beiden in so jugendlichem Alter den Ihren entrissenen Prinzen Sigismund (gestorben 1866) und Waldemar (gestorben 1879) schmücken. Über dem Sarkophag des letzteren steht seine lebenswahre, geistvoll behandelte Porträtbüste, über dem des im frühesten Alter verblichenen Prinzen Sigismund aber ruht auf weichem Kissen das Kindesköpfchen, unten von einem Blütenzweig umzogen, und oben, an der Wand, thront eine geflügelte Frauengestalt, die das tote Kind wie schützend in ihren Armen

Abb. 82. Statue der „Kraft" in der Ruhmeshalle in Berlin.

hält (s. Abb. 73). Liebevoll neigt sie ihr schönes Haupt zu ihm herab. Der Grabschmuck eines Kindes kann nicht inniger erdacht, nicht schöner ausgeführt werden. —

Zwischen diesen beiden Prinzengräbern steht vor dem Altar eine der größten Meisterschöpfungen moderner deutscher Plastik: die „Pietà" Ernst Rietschels. In dem stillen Frieden dieser Kapelle muß selbst der künstlerische Wettkampf verhallen, denn die höchste Weihe empfangen diese Kunstwerke dadurch, daß sie im Dienst des Heiligen stehen. Und auch die kunstgeschichtliche Würdigung wird hier nicht mehr rechten dürfen. Sie sieht in den beiden Hauptwerken, in dieser Pietà und im Grabmal Kaiser Friedrichs, nur die edelsten Erzeugnisse zweier mehr durch die Persönlichkeit, als durch die Zeit ihrer Meister geschiedenen Kunstweisen, die beide ihre eigenen Rechte und Gesetze haben.

Begas hat später noch eine weniger bekannte Grabfigur geschaffen, welche seinen inneren Gegensatz zu der Auffassungsweise Rauchs weit schärfer hervortreten läßt, als diejenige des Kaisers Friedrich: die der Gräfin Arnim-Muskau in der von Raschdorff erbauten Grabkirche des Geschlechtes beim Schloß zu Muskau (s. Abb. 74). Sie ruht unmittelbar über dem in gotisierenden Formen gehaltenen Sarkophag, lang hingestreckt, eine Tote. Das Bild, das der aufgebahrte Leichnam bot, ist im Marmor verewigt. Zwei Kissen heben das Haupt empor, von dem die aufgelösten Haare frei herabfallen. Die Rechte auf der Brust umfaßt das Kruzifix, der entblößte linke Arm ist steif herabgesunken, und die Gestalt wird vom Bahrtuch in breiten Falten umhüllt. Das ist eine Auffassung der Grabfiguren, wie sie besonders in Frankreich üblich ist, und dieses Begassche Werk tritt den vollendetsten Arbeiten dieser Gattung von der Hand des Hauptmeisters der modernen französischen Sepulkralplastik, Chapus, würdig zur Seite. Ein herber Ernst ruht auf ihm und steigert noch seine echt monumentale Größe.

Es braucht kaum noch erst erwähnt zu werden, daß Reinhold Begas, als er die zuletzt geschilderten Porträts und Grabdenkmäler schuf, in seiner äußeren Laufbahn schon weit jenseits der Grenzen stand, innerhalb derer ein Künstler seine Anerkennung noch zu verteidigen hat. In heißem Kampfe hatte er sich den Boden Schritt für Schritt erobern müssen; der endliche Sieg aber hatte ihm Ruhm und Ehren in Fülle gebracht: in der Freundschaft des Königshauses, in allen Formen äußerer Anerkennung, durch Medaillen und Auszeichnungen, die ihm, der auch auf den Weltausstellungen und im Ausland die norddeutsche Plastik meist am glänzendsten repräsentierte, zahlreich zu teil wurden, in einem Meisteratelier der Berliner Kunstakademie und, noch wesentlicher, in dem ungemein fruchtbaren Einfluß, den seine Kunstweise auf eine stetig wachsende Schar jüngerer Bildhauer gewann. Das Atelier im väterlichen Hause am Karlsbad war längst zu klein geworden, und der ehemals oft selbst der Not ausgesetzte Künstler hatte sich und den Seinen im Tiergarten eine stattliche Villa erbaut, neben der ein großes Atelier die regste Thätigkeit des mit Aufträgen überhäuften Monumentalbildners sah (s. Abb. 75. 76).

Zuweilen erhielten dieselben eine Ausdehnung, welche die Kräfte eines einzelnen überstiegen und nur durch die Hilfe und Mitarbeiterschaft zahlreicher Genossen zu bewältigen war. So vor allem bei dem bildnerischen Schmuck des Zeughauses. Neben den schon erwähnten Feldherrnbüsten schuf er für dasselbe zunächst auch die figürliche Dekoration des großen Lichthofes, welcher den Eintretenden nach dem Durchschreiten des ersten Hauptraumes umfängt und zu der zur Ruhmeshalle emporführenden Freitreppe geleitet. In der Mitte dieses Hofes erhebt sich die Kolossalstatue der Borussia (s. Abb. 77), eine mächtige Frauengestalt von viereinhalbem Meter Höhe, in antikisierender Tracht, in stolzer Haltung. Es ist eine Borussia nach dem Siege, triumphierend, ein Sinnbild Preußens im Zeichen der neuen Deutschen Kaiserkrone. Der Zug zum Pathetischen, den Begas solchen Idealgestalten von Anbeginn zu geben liebte, hat auch hier seine Hand geleitet. Wieder ist seine Kunstsprache wuchtig und malerisch, dabei aber, besonders an dem edlen Kopf und an den Reliefs, die Beinschiene und Helm zieren, von großer Feinheit. Allerdings bietet diese Kolossalstatue keineswegs von allen Seiten gleich vorteilhafte Linien. Um so großartiger aber sind die beiden sitzenden Gestalten antiker Krieger, die in reicher Rüstung den Aufgang zu der Doppeltreppe bewachen (s. Abb. 78 und 79). Der Rhythmus des Sitzens, die Bewegungsfähigkeit in der Ruhe, das echt Statuarische, gibt ihnen einen Michelangelesken Charakter, und ihre individuellen Köpfe mit dem gespannten Ausdruck selbstbewußter, thatbereiter Kraft sind vortrefflich. Hier hat sich Begas in der That seines größten Vorläufers, Andreas Schlüters, würdig gezeigt, dessen Köpfe sterbender Krieger seine eigenen Arbeiten an den Schlußsteinen der Arkaden rings umgeben. — In die Wangenmauern der Treppe sind zwei stattliche Reliefs eingelassen, die in allegorischen Frauengestalten Land- und Seekrieg darstellen sollen (s. Abb. 80 und 81). Mit aufgestütztem Arm nach Art antiker Flußgötter gelagert, füllen diese Figuren das rechtwinkelige Dreieckfeld vortrefflich aus. Es sind Idealgestalten jugendlicher Frauen.

Antike Helme bedecken ihre Häupter, und die eine umfaßt ein ganzes Bündel antiker Speere und Feldzeichen, ihren Arm auf ein Kanonenrohr legend, während ihre Genossin die Schiffsschraube hält. Nackte Puttenkinder sind ihnen beiden gesellt. Auch bei dieser Versinnbildlichung, die ja auch nur einem dekorativen Zwecke dienen soll, stand der Formengedanke über dem Inhalt. Obgleich minder fein durchgeführt, schließen sich diese Figuren in ihrem Kunstcharakter denen der Sockelreliefs am Humboldtdenkmal an, besonders auch in dem malerischen Charakter des Reliefstiles mit dem reichen Hintergrund und den starken Verkürzungen der Formen bei voller Frontansicht. Die nur flache, aber in vortrefflich berechnetem Wechsel durchgeführte Modellierung wird vom Fond durch vertiefte, ungemein sicher gezogene Konturlinien abgegrenzt. — Den vornehmsten Teil der von Begas für das Zeughaus eigenhändig ausgeführten Werke birgt jedoch das Innere des Hauptgeschosses, die Ruhmeshalle selbst, für die er neben den Bronzebüsten für den

Abb. 83. Statue der „Kriegswissenschaft" in der Ruhmeshalle in Berlin.

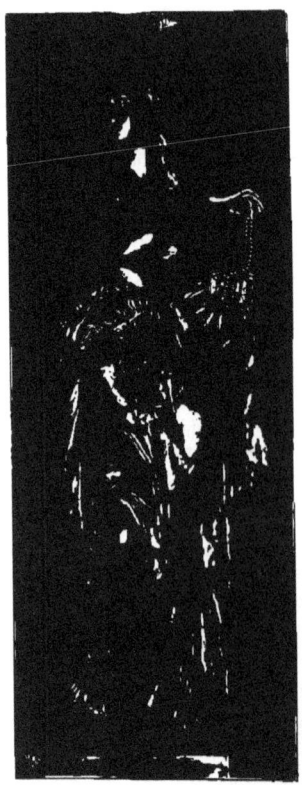

Abb. 81. Statue des „Reichtums" in der Reichsbank in Berlin.
(Nach einer Aufnahme von Zander & Labisch in Berlin.)

linken Flügel die Marmorstatuen der „Kraft" und der „Kriegswissenschaft" arbeitete. Die erstere befindet sich seit 1887 in der Nische der westlichen Wand (s. Abb. 82). Wieder hat ihre Haltung etwas von jener latenten Bewegung, die Michelangelo in seine Statue des Giuliano de' Medici bannte. Das vom Löwenfell umschlossene Haupt ist hoch emporgerichtet, der Blick scheint wie spähend nach links gewandt, das rechte Bein ist zurückgesetzt, so daß die Gestalt in jedem Augenblick leichtfüßig emporzuschnellen vermag. Ihre Rechte ruht an der Keule. Es ist ein beredtes, prächtiges Bild kraftbewußter Entschlossenheit. Minder bezeichnend ist ihre Schwester in der Nische der Nordwand (s. Abb. 83), eine mit aufgestütztem Haupt in tiefes Sinnen versunkene Mädchengestalt mit milden Zügen.

Nicht immer bieten die Begasschen Einzelfiguren und Statuen für jeden Standort dem Beschauer schöne Linien dar. Welche Anmut er ihnen aber auch in dieser Hinsicht gelegentlich zu geben weiß, bezeugt unter anderen die Bronzestatue des Reichtums für die Reichsbank in Berlin, deren Modell schon 1879 ausgestellt worden war (s. Abb. 84). Die flüchtig enteilende Tochter der Fortuna setzt ihren rechten Fuß auf eine Kugel und hält in ungemein graziöser Art mit der Rechten ein Kettchen über dem reich gefüllten Schmuckkasten. Das Haupt ist dabei in wirkungsvollem Kontrast zu dieser Armbewegung scharf nach der entgegengesetzten Seite gewandt, und helle Fröhlichkeit ruht auf seinen anmutigen Zügen. Aus der Reihe dieser weiblichen Idealfiguren sei endlich noch eines winzigen Maßstabes erwähnt: die schlanke, elegante Statuette der „Italia," welche, in Silber getrieben, von Kaiser Wilhelm II dem König von Italien geschenkt wurde (s. Abb. 85). —

So reich auch die Anerkennung war, die Begas gefunden, und so groß die Zahl der Werke, mit denen er besonders die Hauptstadt an öffentlicher Stelle schmücken durfte, noch fehlte seinem Schaffen etwas, dessen der echte Monumentalbildner nicht dauernd entraten darf: die Volkstümlichkeit. Unter allen seinen bisher genannten Werken sind im edelsten Sinne des Wortes populär nur seine Büsten des Königlichen Hauses geworden.

Doch auch dieser noch mangelnde Erfolg sollte ihm auf der Höhe seines Wirkens werden, zunächst durch ein Werk, das vom Augenblick seiner Aufstellung an für die künstlerische Physiognomie der Reichshauptstadt mitbestimmend wurde.

In seinem Atelier stand seit Jahren ein kleines Modell zu einem Monumentalbrunnen. In Erinnerung an die römischen Tage hatte er es entworfen. Hatten doch die Wasser der Fontana Trevi auch für ihn die köstlichen Stunden im Künstlerhaus zu Rom mit ihrem Rauschen begleitet. Waren es doch gerade die Meergottheiten römischer Brunnen gewesen, die ihm die übersprudelnde Lebenskraft, die Fülle und Pracht Berninischer Kunst am frühesten nahe brachten. Und Begas hatte sie in diesem

Abb. 85. Silberstatuette der „Italia"

Modell genial nachgeschaffen (s. Abb. 86. 87). In lustiger Wildheit springen sie empor, triefend und prustend, von Putten und allerhand Getier umspielt, und über den geborstenen Felsen erheben sie auf doppelter Riesenmuschel ihren Herrn, den Meeresgott selbst. — Dieser Entwurf, in dem wiederum ein prächtiger Einfall mit staunenswerter Verve festgehalten ist, mußte lange feiern. Dann aber wurde er auf die schönste Weise zu monumentalem Leben gebracht. Ursprünglich war er für den Berliner Dönhoffsplatz bestimmt, doch wäre dort dieses Stück urkräftiger Naturpoesie zwischen den modernen Geschäftshäusern nicht recht zur Geltung gelangt. Es war ein ungemein glücklicher Gedanke der Berliner Stadtverwaltung, diesen Monumentalbrunnen zum Schmuck des Schloßplatzes dem Kaiser Wilhelm II darzubringen. Den Anlaß bot dessen Rückkehr von seiner „Friedensreise" 1888. Im November des Jahres erfolgte die Genehmigung, und schon drei Jahre darauf wurde das bereits durch seinen Umfang imponierende Werk, bei dessen Vollendung dem Meister sein Bruder Karl und die Bildhauer Karl Albert Bergmeier, Karl Bernewitz und Johann Götz zur Seite gestanden hatten, am 1. November enthüllt. —

Nicht nur an die römischen Brunnen, vor allem an Berninis Meisterschöpfung auf der Piazza Navona, erinnert der Begasche Entwurf, sondern auch an solche der deutschen Renaissance, etwa an die Brunnen zu Augsburg von Hubert Gerhard und Adrien de Vries und an Peter Candids Wittelsbacher Brunnen in München; in mancher Hinsicht steht er aber auch einem der köstlichsten Erzeugnisse deutscher Monumentalbildnerei der Frühzeit des achtzehnten Jahrhunderts, dem Werke des jüngeren Zeitgenossen Schlüters, Raphael Donners, auf dem Wiener Neumarkt, nicht fern. Allen diesen Arbeiten gemeinsam ist ein malerischer Zug, der die strenge Architektonik reizvoll durchbricht. Das Figürliche herrscht, und über seine Anordnung entscheidet die Phantasie mit einer bei Skulpturen ungewöhnlichen Freiheit. An den Brunnen Berninis, die auch in dieser Hinsicht eine stattliche Reihe verwandter Schöpfungen eröffnen, ist dies schon durch die monumentale Verwertung mächtiger Felsblöcke bedingt. Vor allem aber äußert sich diese

Abb. 86. Schloßbrunnen in Berlin.

Abb. 87. Schloßbrunnen in Berlin, Mittelgruppe.
(Nach einer Aufnahme von Zander & Labisch in Berlin.)

Freiheit in der schwungvollen Bewegung, die von der Haltung der Hauptfiguren bis zu den Hauptlinien des gesamten Aufbaues wie auch selbst der architektonischen Details geht. Es ist, als habe das flüssige Element, dem diese Werke gelten, die Kunstsprache selbst in seinen Bann gezwungen. Soweit deren Reich plastisch überhaupt darstellbar wird, ist es hier verkörpert, vor allem in diesen vier ungeschlachten, echt Böcklinschen Tritonen, mit ihren vielteiligen, stachligen Flossen, mit ihren mächtigen, verschlungenen Fischschwänzen, und ihrem natürlichen Gürtel von allerhand Muscheln, Tang- und Seegewächsen, an welchem mannigfache Fische hängen, mit ihren wilden, Wasserstrahlen

Abb. 88. Von der Mittelgruppe des Schloßbrunnens in Berlin.
(Nach einer Aufnahme von Zander & Labisch in Berlin.)

speienden Köpfen unter dem triefenden Haar. Dann auch im Neptun selbst, der hier als der Herrscher des Meeres aufgefaßt ist, den die Seinen auf der Muschel dahertragen, wie die Recken germanischer Sage ihre Könige. Wie vom Meerwasser getränkt erscheint sein zur mächtigen Brust herabwallender Bart und sein bekränztes Haar. Ruhig und echt statuarisch ist seine Haltung mit dem geschulterten Dreizack und der fest auf den Schenkel gestemmten Rechten, dabei aber wieder so durchaus „bewegungsfähig," als wolle dieser Riese im nächsten Moment emporspringen und seinen Dreizack schwingen, mit dem donnernden „Quos ego!" den kecken Heerscharen ihren Meister zeigend. Ganz reizend aber ist diesen barschen, wilden Gesellen die liebenswürdige Kinderschar beigegeben, diese nackten Bübchen, die bald jauchzend, bald ängstlich dem Spiel der Wasser folgen, von den Felsen herabgleiten, vor den Fangarmen der Seetiere zurückrutschen: eine naturalistische und gerade deshalb so verständliche Verkörperung der aufsprühenden und abwärts rollenden Wellen (s. Abb. 88). Diese Art künstlerischer Symbolik ist echt volkstümlich. Und ebenso das mit köstlicher Frische erfaßte Kleinleben des Wassers. Diese Krebse, Hummer, Schildkröten und Polypen, die am Felsen emporkriechen, diese zahlreichen Fische und die größeren Tiere, — eine Schildkröte, ein Krokodil, eine Robbe und eine Schlange — die mitten aus dem Bassin selbst mächtige Wasserstrahlen zum Muschelsitz Neptuns emporspritzen, gleichen Naturnachgüssen; und all das Beiwerk, die Netze und Stricke, in meisterhafter Bronzenachbildung, bietet dem Auge allerorten fesselnde Details und breitet über das Kunstwerk an jeder Stelle den Schimmer des Lebens. Wenn der Brunnen in Thätigkeit ist, wenn alle seine Wasser springen, dann vergißt man wohl selbst das großstädtische Getriebe ringsum. Die jauchzende Lust und der wilde Humor dieser Gestalten überträgt in die moderne Reichshauptstadt, vor die Front des Hohenzollernschlosses, in der That etwas vom Zauber der römischen Brunnen. — Ein besonderer Vorzug dieser Hauptgruppe aber, der sie sogar vielen Schöpfungen Berninis überlegen macht, ist die plastische Geschlossenheit ihrer an sich so durchaus malerischen Komposition. Nur möchte man die Muschel mit dem Neptun gern noch höher und die Rundung seines Rückens für die Seitenansicht geringer wünschen, und der Maßstab des Denkmals erscheint für den weiten Platz etwas zu klein. — Bei dem glücklichen Gesamtbild wirkt auch die Einfassung mit ihren vier ruhig sitzenden Frauengestalten sehr günstig mit

(j. Abb. 89—92). Es sind Personifikationen der vier deutschen Hauptströme Rhein, Oder, Elbe und Weichsel, allein auch hier darf man auf die Versinnbildlichung nicht den Nachdruck legen. Diese, die ja ohnehin in so enge Schranken gebannt ist, war auch dem Künstler nicht das Wichtigste. Vielmehr galt es vor allem, der Mittelgruppe eine geeignete Umrahmung zu schaffen. Ihr malerischer Charakter mußte auch hier gewahrt bleiben, aber ihre stürmische Bewegung war zu mäßigen, um die wuchtige Hauptmelodie leicht und gefällig ausklingen zu lassen. Daher wäre es auch unangebracht gewesen, sich für diese Flußgottheiten streng an den antiken Typus zu halten. Die Wahl männlicher Figuren war im Hinblick auf deren reiche Verwertung für die Mittelgruppe ohnehin nicht erwünscht, und um den harmonischen Reigen der übrigen nicht zu stören, mußte selbst der Rhein diesmal weibliche Gestalt annehmen. Aber auch in anderem Sinne war jede klassische Fassung des Themas hier verbannt. Diese Flußgottheiten sind dem „Meergöttergesindel" der Hauptgruppe noch blutsverwandt. Gestalten etwa, wie sie im benachbarten Lustgarten an Albert Wolffs Reiterbild Friedrich Wilhelm III so wohlgesittet das Postament umgeben, hätten hier gewirkt wie der Parkweiher neben dem Bergstrom. Vollblütige, zeugungskräftige Frauen mußten es sein, die jenen Tritonen noch begehrenswert erscheinen können, und solche Gestalten hat Begas denn auch in der That gewählt, offenbar in engem Anschluß an lebende Modelle. Bei einigen — so besonders bei der Figur der neben dem gefällten Holz sitzenden „Weichsel" — ist die Stellung ungewöhnlich reizvoll. Gleich lebenden Wesen sitzen und lagern sie auf der Brüstung des Beckens, völlig natürlich

und nach dem Vorbilde der oben genannten Brunnenanlagen, überschneiden ihre Linien dabei in malerischer Weise die Architektur. Ihre Attribute, die Früchte und Holzkloben, die Tierfelle und die Ziege der „Oder", gleichen wiederum Naturabgüssen; an den Hauptfiguren selbst aber hat die Formenbehandlung die Frische der ersten Thonskizze bewahrt. So spricht hier die Kunst lebendig zu dem ihr Werk umgebenden Leben, und darum vor allem ist dieses so echt volkstümlich geworden. Mit gutem Grund hat man hier auch darauf verzichtet, es durch ein Gitter abzusperren. Ohne Scheidewand soll die Wirklichkeit sich mit diesen von der Kunst geschaffenen Wesen berühren.

Schade nur, daß dem so recht für den strömenden Wasserschwall berechneten Brunnen dieses sein Hauptelement so häufig

Abb. 89. Die „Weichsel" vom Schloßbrunnen in Berlin. Vorderansicht.

Abb. 90. Die „Weichsel" vom Schloßbrunnen in Berlin.
Rückenansicht.
(Nach einer Aufnahme von Zander & Labisch in Berlin.)

ganz fehlt, und daß man die Bronze hier mit einer künstlichen hellgrünen Patina überzogen hat, die sie einem getönten Gipsabguß gleichen läßt! —

Ein Hauptreiz dieses Brunnens gerade im Sinne der Volkstümlichkeit sind seine Kinderputten. Schon in seinen Jugendwerken hatte Begas mit besonderer Freude das Kinderdasein geschildert. Es sei nur an den köstlichen Amor als Venusgruppe und an die kränzetragenden Kinder am Stroußbergschen Grabdenkmal erinnert. Nackte Kinder spielen auch bei den meisten seiner allegorischen Kompositionen eine Rolle. Nicht selten hat er sie zu Trägern des ganzen künstlerischen Gedankens erhoben. So an der Bekrönung der Rubenschen Villa im Berliner Tiergarten, wo sie in reizender Weise Musik und Malerei versinnbildlichen (s. Abb. 93 u. 94); so ferner am Friesband

seines eigenen Hauses, wo sie in malerischer Reliefdarstellung, vor reichem, mehr gezeichnetem, als modelliertem landschaftlichem Hintergrund alle Künste und Thätigkeiten, die dem Meister selbst lieb sind, genrehaft vor Augen führen. Das hervorragendste Werk dieser Gattung aber ist die Marmorgruppe, welche im Treppenhaus des Herrn Eugen Possart in Berlin einem reichen Kandelaber aus vergoldeter Bronze als Sockel dient (s. Abb. 95). Vortrefflich fügt sich diese im Auftrag des heutigen Besitzers gearbeitete Gruppe, welche 1886 öffentlich ausgestellt war, dem in üppigen Rokokostil gehaltenen Dekorationen des Treppenaufgangs ein und ist auch inhaltlich durchaus zweckentsprechend. Eng schmiegt sie sich an den rosenbekränzten Palmenstamm, aus welchem oben die bronzenen Kandelaberarme herauswachsen. Unten kriecht ein Bübchen zum Trost eines wohl ob der Dunkelheit weinenden Geschöpfchen. Sehn erhebt ein etwas älterer Knabe die lichtspendende Fackel, während sein Genosse jauchzend zurückgelehnt zu ihm emporschaut. Intimste Kenntnis des kindlichen Gebarens hat diese Gestalten geschaffen. Man sehe, wie das weinende Geschöpfchen vorn die Fußzehen aneinander reibt. Ähnliche Gruppen hat Clodion modelliert. — Ein Bruder dieser Schar findet sich auch an der im gleichen Jahre ausgestellten, in den Besitz des Kommerzienrats Gilka zu Berlin übergegangenen lebensgroßen Gruppe, die eine zarte, auf einem Felsen sitzende Nymphe mit einem Knaben zeigt. Als Brunnenschmuck ist sie gedacht, und das Knäblein beugt sich vornüber zum Wasser tief herab. Die „tolle animalische Bewegungslust ganz kleiner Kinder," das Drollige, Niedliche, Pudelrunde an ihnen, vermag kein Bildhauer der Gegenwart reizender darzustellen, als Begas. Das ist eine der liebenswürdigsten Seiten seiner Kunst. —

* * *

Die letztere ist nunmehr in ihrer Entwickelung und in allen Hauptrichtungen geschildert worden. Ein ungemein vielseitiges Bild hat sich dabei allmählich entrollt, in seiner Gesamtheit imponierend und großartig, wie kein Lebenswerk eines anderen deutschen Bildhauers der Gegenwart, dabei aber auch von scharf ausgeprägter Eigenart. Völlig abseits derselben lag bisher diejenige Gattung der specifisch historischen Monumentalplastik, welche Rauch mit einem glücklichen Kompromiß zwischen klassischer und nationaler Überlieferung an seinem Blücherdenkmal und am Friedrichsmonument, und Rietschel in seinem Lutherdenkmal in Deutschland eingeführt hatten, und wie sie in den monumentalen Hauptschöpfungen Schillings und Siemerings unmittelbar in unsere Tage formenschön hineinragt. Nicht minder fern aber blieb seine Kunst auch jener gewissermaßen heraldischen Richtung der modernsten deutschen Skulptur, die im Anschluß an die deutsche Renaissance, wie sie etwa am Grab Kaiser Maximilians in Innsbruck verkörpert ist, die großen Männer der Vergangenheit mit leisem romantischen Anklang in treuer Nachbildung des Zeitkostüms zu monumentalem Leben wiedererweckt.

Für die Art, wie Begas seine Kunst am glücklichsten in den Dienst des nationalen Ruhmsinnes zu stellen vermag, ist die mächtige, nach seinem Modell ausgeführte Bronzegruppe bezeichnend, welche den Westgiebel des Berliner Reichstagsgebäudes über der Plattform des Kuppelraumes der Wandelhalle bekrönt. Im Anschluß an Bismarcks berühmtes Wort zeigt sie die Germania hoch aufgerichtet im Sattel, reitend nach Männerart, bannerschwingend. Ihr zur Seite aber schreitet links, als Führer des Rosses, ein schwerttragender Recke, rechts ein Siegesgenius, der in die Tuba stößt. Einem Posaunenruf voll jubelnder Kraft gleicht auch das Ganze. Es bleibt völlig innerhalb der Grenzen dekorativer Idealplastik. —

Und Begas ist in seiner Eigenart eine zu stolze Künstlernatur, um zu versuchen, was ihm nicht liegt, um sich den Richtungen Anderer zu beugen und Kompromisse zu schließen.

An diesen Meister trat, als er in seinem Leben und in seiner Kunst die sicherste Höhe erreicht hatte, die Aufgabe heran, für die Reichshauptstadt das Denkmal Wilhelms des Großen zu schaffen (s. Abb. 96).

Die Vorgeschichte dieses Werkes ist weit

Abb. 91. Die „Elbe" vom Schloßbrunnen in Berlin.
(Nach einer Aufnahme von Zander & Labisch in Berlin.)

kürzer, als diejenige von Rauchs Friedrichsmonument, aber in ihrem Verlauf innerhalb weniger Jahre noch weitaus dramatischer. Schnell folgen die Hauptakte aufeinander. Nicht nur Deutschlands beste Künstler sind die Akteure, sondern auch zahlreiche außerhalb der Künstlerschaft stehende Persönlichkeiten greifen bald mittel-, bald unmittelbar in den Gang der Handlung ein, und über demselben steht ausschlaggebend die Gestalt unseres Kaisers Wilhelms II, der diese Sache an der Spitze seines Volkes zu seiner eigenen gemacht hat.

Diese Vorgeschichte in allen ihren Einzelheiten zu erzählen liegt außerhalb der Aufgabe dieses Buches. Nur die Hauptereignisse seien möglichst im Anschluß an die offiziellen Quellen erwähnt.

Ihr Beginn ließ die kommenden Verwickelungen zunächst kaum ahnen, denn die ersten Schritte zur längst ersehnten Erfüllung der nationalen Ehrenpflicht waren leicht und schienen in einheitlicher Richtung schnell zum Ziele zu führen. Die Männer, welche von der Reichsregierung zur Vorberatung berufen waren — unter den Künstlern befand sich auch Begas, unter den übrigen Treitschke — verständigten sich am 17. und 18. Oktober 1888 „ohne Meinungsverschiedenheit." Sie befürworteten eine Vorkonkurrenz, welche zum mindesten „über die allgemeine Form und den Platz" des Denkmals eine Entscheidung bringen sollte, und für die Preise dieses allgemeinen Weltbewerbes wurden durch ein Gesetz vom 23. Dezember vom Reichstag hunderttausend Mark zur Verfügung gestellt. Die Beteiligung seitens der Künstler entsprach den Erwartungen. Der 11. September 1889, an welchem die Ausstellung der Entwürfe im Landesausstellungsgebäude eröffnet wurde, war einer der erregtesten im modernen Berliner Kunstleben. Einhundertsiebenundvierzig Bewerber traten auf den Plan, unter ihnen fast fünfzig mit plastisch-architektonischen Modellen. Vielfach hatten sich Baumeister und Bildhauer zu gemeinsamer Arbeit verbunden, und in allgemeinen hatte die Baukunst die Führerschaft. Denn in diesem ersten Ausschreiben war zwischen acht voneinander gänzlich verschiedenen Plätzen in und außerhalb der Stadt die Wahl gelassen worden, und für die meisten derselben galt es, durch umfassende bauliche Anlagen die Stätte für das Kaiserdenkmal überhaupt erst zu schaffen. Das Vollendetste, was diese Konkurrenz gezeitigt hat, gehört denn auch der Baukunst an, nicht der monumentalen Plastik. Das von Bruno Schmitz genial und groß entworfene Kaiserforum und das Nationaldenkmal deutscher Kaiserherrlichkeit, welches Rettig und Pfann in ihrem majestätischen Kuppelbau ersannen, stand an absolutem Kunstwert und Eigenart höher, als Alles, was die Bildhauer boten, und diesem Verhältnis entsprach es, daß den letzteren nur die Reihe der zweiten Preise zuerkannt wurden. Die vier hierdurch ausgezeichneten Meister, Hildebrandt, Hilgers, Schaper und Schilling, wichen aber schon in ihrer Grundauffassung der Aufgabe wesentlich voneinander ab. Schilling zeigte den greisen Preußenkönig der Geschichte in schlichtester Naturwahrheit, Schaper den siegreichen Triumphator, Hilgers eine deutsche Kaisergestalt des Mittelalters mit den Zügen Wilhelms I, und Hildebrand vollends umschloß eine ähnliche Idealfigur mit einem hellenischen Kuppelbau. Und von diesen wiederum schon durch die Touart gänzlich verschieden wirkte das Modell von Begas. Sein Kaiser sprengte auf sich bäumendem Roß als triumphierender Herrscher erhobenen Hauptes vorwärts. Viktorien schmückten als Kranzspenderinnen die Ecken des verhältnismäßig niedrigen Postamentes, dessen Seitenflächen durch antikisierende Idealgruppen belebt waren. So stand das Denkmal auf einer Plattform, zu welcher vier Freitreppen emporführten. Seitlich waren dieselben durch acht Löwen und ebensoviele Dreifüße eingefaßt. Von diesem Hauptteile war die der Plattform als Abschluß dienende Balustrade verhältnismäßig zu weit getrennt, und infolgedessen auch ihr inhaltlich zu dem Monument gehörender Bildschmuck durch zwölf Statuen der großen Männer aus des Kaisers Zeit. Damit mangelte dem Gesamtbild die rechte innere Geschlossenheit.

Schon dieser Begas'sche Entwurf war für die Schloßfreiheit bestimmt, für den Platz vor der Westfront des Kaiserschlosses, vor dessen mächtigen Triumphbogen, mit dem Schlüters Nachfolger, Eosander von Goethe, diese Schloßseite so wuchtig ausgezeichnet hat. Nach Westen bildet dort das Wasserbecken des Königsgrabens die natürliche Grenze, wobei es selbstverständlich war, daß diese, nach Niederlegung der sich dort entlang ziehenden Reihe alter, unansehnlicher Häuser nicht nur vollständig ausgenutzt, sondern auch durch teilweise Zuschüttung des Grabens thunlichst erweitert werde. Die Balustrade mit den Statuen bildete zugleich die notwendige Brüstungsmauer gegen die Wasserseite. — Dieser Platz und die Grundzüge seiner monumentalen Gestaltung, sowie die Anordnung der vier Viktorien an den Ecken des Postamentes sind die einzigen Teile, in denen dieses erste Modell dem heutigen Kaiserdenkmal gleicht.

Bei dieser ersten Konkurrenz blieb der Begassche Entwurf gleich mehreren anderen sehr hervorragenden Arbeiten ohne Auszeichnung.

Am 30. September des Jahres war die Jury zusammengetreten. Sie verteilte nur die obenerwähnten sechs Preise, indem sie von den zur Verfügung stehenden hunderttausend Mark nur zweiunddreißigtausend verwandte. Diese Entscheidung war selbstverständlich schon nicht mehr „ohne Meinungsverschiedenheit" gefällt worden. Die Schwierigkeit der Situation erhöhte sich ferner besonders noch dadurch, daß hinsichtlich einer Hauptaufgabe dieser Vorkonkurrenz, der Platzfrage, von welcher naturgemäß auch die „allgemeine Form" des Monumentes abhängig war, in der Kommission eine Einigung nicht erzielt werden konnte. Mit der Mehrzahl der konkurrierenden Künstler stimmten auch von den vierzehn Juroren neun für den Platz vor dem Brandenburger Thor.

Damit fand der erste Akt in der öffentlichen Entwickelung der Denkmalsangelegenheit sein Ende.

Obschon derselbe von vornherein nur als ein Vorspiel geplant war, bot sein

Abb. 92. Die „Oder" vom Schloßbrunnen in Berlin. (Nach einer Aufnahme von Zander & Labisch in Berlin.)

Abschluß im Grunde doch eine Enttäuschung, und nicht nur für die an diesem Wettbewerb beteiligten Künstler. Mit dem höchsten Aufwand an Arbeit jeder Art waren dieselben dem Aufruf gefolgt, die Mehrzahl in vollständiger Freiheit, die kühnsten Träume ihrer Phantasie ohne Rücksicht auf die materiell erreichbaren Grundlagen verkörpernd, fortgerissen von der Größe der Aufgabe, um einmal mit der ganzen Vollkraft ihres Könnens vor ihr Volk zu treten, zugleich aber auch mit der eigenen, stolzen Forderung, daß man auf sie auch ohne alle kleinlichen Bedenken höre, und dem künstlerischen Genius kein noch so großes persönliches Opfer verweigere. Allein unter allen diesen zum Teil so vortrefflichen Entwürfen fehlte derjenige, der dies mit sieghafter Allgewalt erzwungen hätte, vor dem sich alle Stimmen in der spontanen Überzeugung vereinen konnten: „Dieser oder keiner!" Mehr noch, als die Bildhauer,

Abb. 93. Kindergruppe „Mufit". Rubenſche Villa in Berlin.

waren die Architekten dieſem erſehnten Ideal nahe gekommen. Gleichwohl war auch der Durchſchnittswert der plaſtiſchen Leiſtungen ein relativ hoher, und nicht ohne Stolz darf die deutſche Kunſtgeſchichte dieſen Wettbewerb demjenigen gegenüberſtellen, der etwa hundert Jahre zuvor gelegentlich der erſten Konkurrenzen für das Berliner Denkmal Friedrichs des Großen die gänzliche Unfähigkeit der deutſchen Monumentalbildnerei ſo beſchämend erwieſen hatte. Daß ſie die neue hehre Aufgabe mit Ehren löſen könne, durfte als gewiß gelten. Noch aber war nach dieſem Ausgang des Vorſpieles die Aufgabe ſelbſt näher zu umgrenzen, um durch die bindende Beſtimmung über den Standort und die Ausdehnung des Monumentes den Satz zu erproben, der ſich auch in der Geſchichte der Denkmäler ſtets bewahrheitet hat: „In der Beſchränkung zeigt ſich erſt der Meiſter."

Der Beginn dieſes zweiten Aktes bietet in der That ein ganz anderes, weſentlich klareres, freilich auch in manchen Teilen überraſchendes Bild. Am 9. Juni 1890 gelangte an den Reichstag eine, nach Genehmigung durch den Kaiſer vom Reichs-kanzler dem Bundesrat unterbreitete Vorlage, in welcher als Platz des neuen Denkmales die Schloßfreiheit nach Niederlegung ihrer Privathäuſer und Zuſchüttung und Überbauung eines Teiles des Spreearmes, als Form des Monuments ſelbſt ein Reiterſtandbild, und als Mittel zur Erlangung des endgültigen Entwurfes eine engere Konkurrenz gefordert wird. Die beigegebene offizielle Begründung iſt in vielen Punkten von entſcheidender Wichtigkeit. Das Ergebnis der Vorkonkurrenz wird unter voller Anerkennung ihres künſtleriſchen Wertes dahin zuſammengefaßt, „daß es keinem der Bewerber gelungen ſei, die Perſönlichkeit des Monarchen gleichzeitig in der Macht und in der Schlichtheit der Erſcheinung wiederzugeben, wie das deutſche Volk das Bild des erſten Kaiſers in ſich aufgenommen hat." Die Wahl der Schloßfreiheit, deren Vorzüge in einer dem Reichstag unterbreiteten Denkſchrift von Dr. Georg Voß vortrefflich zuſammengefaßt worden waren, wird hier bereits zu einem ſpecielleren Bauprogramm, denn das Denkmal ſoll, von der Schloßfront durch eine Straße getrennt, „gegenüber in paſſender architektoniſcher

Einfriedigung an den Wasserlauf der Spree gerückt werden."

Diese Vorlage überwies der Reichstag einem Ausschuß, der sie hinsichtlich des Platzes und der Gestaltung des Denkmals ohne Zusatz annahm, den dritten, die Konkurrenz selbst betreffenden Punkt aber in den Antrag formulierte; „Über die Art, in welcher ein engerer Wettbewerb über einen Entwurf für das Denkmal vom Reichskanzler auszuschreiben ist, wird die Entschließung Sr. Majestät dem Kaiser anheimgegeben," „da der Reichstag eine Verantwortung in der Richtung der Vorlage der verbündeten Regierungen nicht wohl zu übernehmen in der Lage ist." Die Anträge des Ausschusses wurden nach Befürwortung des Berichterstatters Frhrn. v. Unruh-Bomst durch den Reichstag in der Sitzung vom 2. Juli ohne Debatte zum Beschluß erhoben und demgemäß Anfang September der engere Wettbewerb zum 1. April 1891 ausgeschrieben.

Es konnte nicht zweifelhaft sein, daß dieser Wendung eine bestimmte Willensäußerung des Kaisers in der Denkmalsfrage vorangegangen war. In der That waren über solche wiederholt Andeutungen auch in die Öffentlichkeit gedrungen, am bündigsten gelegentlich eines Besuches des Monarchen im Atelier des Bildhauers Heinz Hoffmeister. Alle jenen monumentalen Pläne, welche das Standbild zum Mittelpunkt einer selbständigen, großen, architektonischen Anlage auf weithin freiem Standort machen wollten, mußten dem kaiserlichen Willen gegenüber in das Reich der unausführbaren Künstlerträume entschwinden, denn auch dieser bezeichnete das alte Schloß als „den gegebenen Abschluß" und die Schloßfreiheit als den geeignetsten Platz für das Denkmal, bei welchem dadurch die entscheidende Stimme nicht der Architektur, sondern der Plastik gegeben wurde. In einem neuen engeren Wettbewerb weniger Bildhauer sei die endgültige Lösung in diesem Sinne zu versuchen. Vollständige Billigung sprach der Monarch keinem der Modelle der ersten Konkurrenz zu, aber er bezeichnete als dasjenige, welches „der gestellten Aufgabe am nächsten komme," das Werk von Reinhold Begas.

Unter den zu dieser engeren Konkurrenz nach Maßgabe der obigen Bedingungen aufgeforderten Meistern stand denn auch Begas an der Spitze, und bei den Künstlern, wie

Abb. 95. Kindergruppe „Malerei". Rubensche Villa in Berlin.

Abb. 95. Marmorner Kandelabersockel im Possart'schen Treppenhaus in Berlin.

in der öffentlichen Meinung mußte als sicher gelten, daß der Kaiser, in dessen Hände der Reichstag die Entscheidung gelegt hatte, vor allem von Begas die Lösung der großen Aufgabe erwartete. Diese Überzeugung hielt mehrere von den Siegern des ersten Wettbewerbs von diesem zweiten zurück, und es beteiligten sich an ihm nur noch Hilgers, Schilling, Schmitz und Geiger, von denen sich die beiden letzteren äußerlich zu gemeinsamer Arbeit verbunden hatten.

Ihre Modelle, welche sich jetzt in der Königlichen Technischen Hochschule zu Charlottenburg befinden, gestatten heute einen ganz unbefangenen Vergleich mit dem ausgeführten Denkmal, und dabei treten gerade diejenigen Gesichtspunkte am klarsten hervor, unter denen damals die Wahl des Begasschen Entwurfes erfolgt ist. Denn in diesem Stadium der Denkmalsangelegenheit, als es sich darum handelte, endgültig die zur Ausführung des Werkes geeignetste Kraft zu bestimmen, konnte die Entscheidung nicht mehr lediglich auf Grund des absoluten Kunstwertes der einzelnen Konkurrenzarbeit an sich getroffen werden. Es galt vielmehr, die Lösung der Aufgabe nicht nur an sich, sondern auch im Verhältnis zu den räumlich gegebenen Bedingungen harmonisch zu gestalten, dem Kunstcharakter der Schloßfront geistig und formal Rechnung zu tragen. Diese doppelte Harmonie aber mußte allen Entwürfen, mit Ausnahme des Begasschen, abgesprochen werden, so glänzend auch immer die künstlerischen Leistungen an sich waren. Zu dem stolzen Ton der wahrhaft großartigen Architektur, welche Bruno Schmitz geschaffen hatte, wollte die greise, erdenmüde Kaisergestalt von Geiger nicht stimmen. Hilgers bot ein königliches Bild Wilhelms I, allein die an sich sehr edele Karyatidenhalle seiner baulichen Einfassung trat, abgesehen von ihren eigenen ungünstigen Proportionen, dem Eosanderschen Portal in fühlbarer Disharmonie gegenüber. Die nüchterne Umrahmung vollends, die Schilling seinem mehr durch den Sockel als durch die Hauptfigur befriedigenden Denkmal gab, blieb hinter den berechtigten Erwartungen zurück. Das aber, was den von Begas und Hofbaurat Ihne gemeinsam ausgeführten Entwurf vor den übrigen auszeichnete, war vor allem gerade die innere Einheitlichkeit und die vortreffliche Anpassung an den genius loci. Und noch ein Anderes kam hinzu, das man bei einer künstlerischen Wertung gern und nicht ganz grundlos als etwas rein Äußerliches zu betrachten pflegt, das aber, richtig gehandhabt, in der Architektur und in jeder monumentalen Schöpfung denn doch auch stark mitwirkt: der große quantitative und räumliche Maßstab. Dieses Monument gleicht einem Nationalhymnus, für einen solchen aber ist ein majestätischer Chor, eine volle Instrumentierung mit Orgelklang und Posaunenschall gerade das Rechte. So hatte Begas die Aufgabe erfaßt. Was er bot, konnte nicht mehr nur als ein reiches Standbild Wilhelms I gelten: schon der äußere Aufwand machte es vielmehr zu einem Nationaldenkmal des neuen Deutschen Kaisertums. — An der Wasserseite umzieht eine dorische Säulenhalle den Platz, in der Mitte dessen halbkreisförmiger Grenzlinie folgend, nach den seitlichen Enden zu aber in kurze konkave Bogen auslaufend, und von zwei prächtigen pavillonartigen Kuppelbauten flankiert. Auf dieses Kaiserforum führen zwei radial angelegte Brücken, und mächtig erhebt sich in seiner Mitte das eigentliche Denkmal. Dessen Grundrißgestaltung entspricht bereits fast der heutigen. Sein Unterbau entsendet vier radial gestellte, weit vorspringende Postamente, auf denen majestätische Löwen über Trophäen lagern. Zwischen diesen Postamenten steigen bogenförmig je zwölf Stufen zu der eigentlichen Plattform empor, die den mehrfach

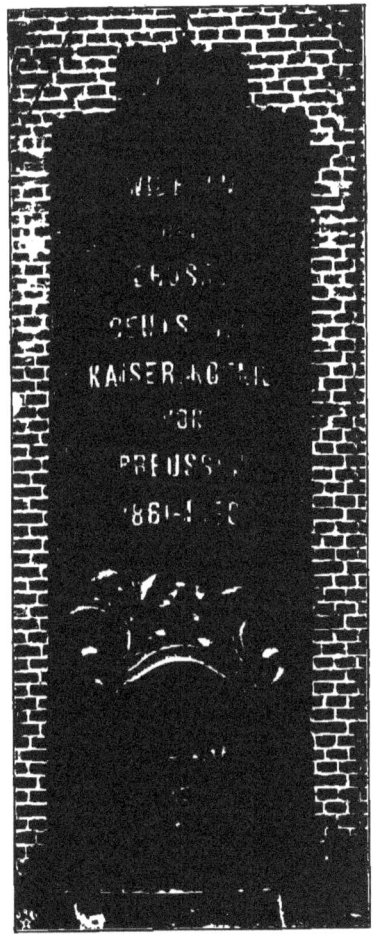

Abb. 96. Inschrifttafel vom Nationaldenkmal Kaiser Wilhelms I.

gegliederten Sockelbau der Reiterstatue trägt. Derselbe zeigt, wie am ersten Entwurf von 1889, an den Ecken schwebende Viktorien, an seiner Front und an der Rückseite aber ruhen die Kolossalgestalten des Krieges und des Friedens, während sich aus den Seitenwänden je eine vom Kronprinzen Friedrich Wilhelm und dem Prinzen Friedrich Karl gelenkte, von den militärischen Paladinen dicht umdrängte Quadriga fast zur vollen verdeckt werden. Die inneren beruhen in dem Widerspruch zwischen den idealen und den historisch-realen Teilen der Darstellung, denn mit unserem Empfinden will es sich nicht vertragen, die Helden von 1870 auf und neben einer griechischen Quadriga zu sehen. Formal aber wirkte das Gesamtbild, vor allem durch die „zweiunddreißig Pferdebeine" vor den Quadrigen, zu unruhig, die Verbindung der letzteren mit dem

Abb. 97. Modell zum Nationaldenkmal Kaiser Wilhelms I.
Nach einer Aufnahme von Sophus Williams in Berlin.

Freigruppe löst. Die Kaiserstatue oben, mit dem sich hochbäumenden Roß gleicht im allgemeinen der des ersten Modelles, doch ist ihr die Idealfigur einer die Zügel fassenden Siegesgöttin gesellt. —

Mit großem Aufwand war hier in der That eine großartige Wirkung erreicht, die dem des Eosanderschen Portals das Gegengewicht hielt und doch dessen prunkreichen Charakter harmonisch fortklingen ließ. Allein die inneren und äußeren Mängel dieses Entwurfs konnten weder dadurch, noch durch seine eigene schwungvolle Gesamterscheinung

Sockel zu unorganisch, und an der Hauptfigur endlich die starke Bewegung des Rosses neben der eilenden Viktoria zu flüchtig, zumal zu befürchten war, daß der erhobene Vorderleib des Pferdes für manchen Standpunkt das Haupt des Kaisers gänzlich überschneiden werde.

Trotzdem mußte auch dieser Entwurf jedem Unbefangenen eine Gewähr dafür bieten, daß ihr Schöpfer gerade über diejenige Art von Phantasie und Können, wie sie für dieses Werk im Sinne des kaiserlichen Auftraggebers zu fordern waren, in glänzender Weise verfügte. Und das bestätigte sich bald genug, als Begas auf Wunsch eine zweite Bearbeitung dieses Planes vornahm (j. Abb. 1 u. 97). Verhältnismäßig leicht waren da seine Mängel beseitigt worden. Vor allem durch eine Vereinfachung des Denkmals selbst. Die beiden Quadrigen Idealcharakter zurück. Die ursprünglich an der Front und an der Rückseite angebrachten Sitzfiguren des „Krieges" und des „Friedens" empfingen ihren Platz auf den Stufen vor den beiden Langseiten, und über ihnen am Postament selbst entsprechen ihnen zwei große allegorische Reliefbilder;

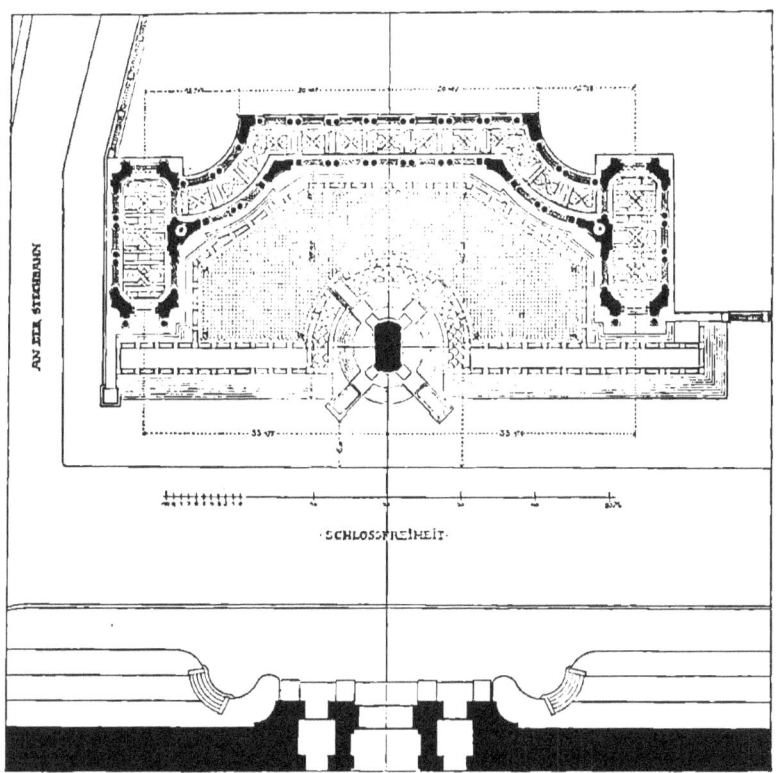

Abb. 98. Lageplan des Nationaldenkmals Kaiser Wilhelms I.

wurden völlig von ihm losgelöst und als selbständige Krönungsgruppen auf jene beiden dem Schloß zugewandten Endpavillons der Ringhalle erhoben. Selbstverständlich verwandelten sich dabei auch ihre Lenker in Idealfiguren. Für die Paladine aber, welche ehemals den Wagen umgaben, wurden nun selbständige an und in der Wandelhalle zu verteilende Statuen und Hermen in Aussicht genommen. Dadurch gewann auch der Schmuck des Hauptdenkmales seinen die Front- und Rückseite der Sockels aber zeigen nur die reich umrahmten, von Insignien bekrönten Inschrifttafeln. So gelangen die Viktorien an den Ecken zu weit schönerer Geltung. Das Roß des Kaisers endlich ist in hergebrachter ruhiger Gangart dargestellt.

Auf Grund dieses Entwurfes erhielt Begas im Dezember 1892 vom Kaiser den definitiven Auftrag zur Ausführung des Denkmals.

Abb. 99. Modell zum Nationaldenkmal Kaiser Wilhelms I.
Nach einer Aufnahme von Sophus Williams in Berlin.

Seinem Gesamtcharakter nach gleicht dieser Plan bereits dem heutigen Monument, seine Detaillierung aber sollte bis zur endgültigen Wahl noch mannigfache Wandlungen erfahren.

Am wesentlichsten wurden dieselben für den architektonischen Rahmen und für dessen Verhältnis zum Denkmal. Dieser ursprüngliche Entwurf zog dasselbe zu tief in das Areal des verhältnismäßig doch nur kleinen Platzes hinein, denn seine den letzteren in fast elliptischem Linienzug umgebende Säulenhalle schob ihre der Schloßfreiheit zugewandten Eingangsfronten bis in die Fluchtlinie des Monumentes vor. Für den von der Seite her heranschreitenden Beschauer hätte diese Halle das Denkmal recht ungünstig überschnitten, und ferner erschien ihre in ziemlich strengem Anschluß an die toskanische Ordnung gewählte Stilistik sowohl dem Ton des Monumentes, wie auch des Schloßportales gegenüber zu nüchtern. Begas hatte auch für diese bauliche Seite des Denkmals eine andere Lösung im Sinn.

Liegt ihm doch die architektonische Arbeit keineswegs ganz fern! Bei dem Wettbewerb um das Berliner Reichstagsgebäude hatte er sich sogar mit einem selbständig ausgearbeiteten Projekt beteiligt. — Auch hinsichtlich des architektonischen Rahmens für das Nationaldenkmal erbat er sich vom Kaiser freiere Hand und wählte zu dessen Bearbeitung einen jüngeren, aus dem Atelier Wallots hervorgegangenen Baukünstler, Gustav Halmhuber, der seine schwung- und kraftvolle Stilweise schon bei der Detaillierung des Berliner Reichstagsgebäudes bewährt hatte und, Maler und Architekt zugleich, besonders für die freiere Behandlung, die auch für die bauliche Seite des Denkmalprojektes unbedingt erwünscht sein mußte, die beste Kraft mitbrachte. Das von diesem und Begas gemeinsam umgearbeitete neue Modell überträgt in geistvoller Art den malerischen Formenwechsel des Denkmals selbst auch auf seine architektonische Umgebung. Wie im Grundriß des Monumentes (s. Abb. 98) die Bogenlinien der Stufen vom schräg gestellten

Kreuz der Löwenpostamente durchschnitten werden, so folgen nun auch in dem des Hallenganges in reizvoller Variation gerade und gewölbte Linien einander. Am Wasser zieht sich die Halle, soweit sie der Breite des Denkmals entspricht, völlig geradlinig entlang; dann springt sie in kleinen konkaven Bögen zurück, um, vortrefflich vermittelt, in die beiden den Platz seitlich umfassenden Hallentrakte überzugehen. Diese sind als selbständige, majestätische Pavillons aufgefaßt, mit nischenartig abgerundeten Ecken und reichen Fronten. Allein deren Fluchtlinie bleibt hinter derjenigen des eigentlichen Denkmals noch wesentlich zurück, denn dieses ist — der zweite, bedeutsamste Unterschied vom Ihneschen Entwurf — nun wesentlich nach vorn geschoben, so daß man auch von der Seite, von der Straße her, völlig frei herantreten kann. Da ferner die Höhenverhältnisse so gewählt sind, daß die Plinthe der Reiterstatue etwa in der Firsthöhe des Umbaues liegt, daß das Reiterbild die Halle füglich mit seiner ganzen Größe überragt, ist nun dem Monument selbst die herrschende Stellung gesichert.

In gewissem Sinne kennzeichnet dieser Entwurf innerhalb der Entwickelung der Denkmalsangelegenheit also einen Sieg der Bildhauerkunst über die Architektur, allein auch das Werk der letzteren bleibt reich genug, um ihre Selbständigkeit zu wahren. In freier, geistvoller Art hatte Halmhuber der Detailierung seiner Halle eine barock-jonische Ordnung zu Grunde gelegt, und durch Verdoppelung der Säulen auch die Gesamterscheinung wuchtiger gestaltet.

Dieses Modell zog der Kaiser dem Ihne-

schen vor und ordnete seine endgültige Detailierung an, für welche die Pläne am 1. August 1893 vollendet waren. Allein auch sie sind noch keineswegs die des heutigen Werkes. Freilich waren es nun nicht mehr künstlerische Gesichtspunkte, die in Frage standen, sondern materielle. Zur Ausführung dieses an plastischem Schmuck jeder Art — für die Hallen waren die Kolossalstandbilder und Hermen der Paladine des Kaisers vorgesehen — ungemein reichen Entwurfes wären acht Millionen Mark erforderlich gewesen. Diese Summe wurde, nicht ohne gelegentlichen Angriff gegen das ganze Projekt, vom Reichstage dem Antrag der Budgetkommission gemäß in der Sitzung 14. März 1894 auf die Hälfte reduziert und, nach der Zustimmung des Bundesrates, diese hierdurch bedingte Vereinfachung des Entwurfes auch vom Kaiser gebilligt. Ohne wesentliche Schwierigkeiten ließ sie sich erreichen, besonders durch vorläufige

Abb. 100. Löwe vom Nationaldenkmal Kaiser Wilhelms I.

Einschränkung des bildnerischen Schmuckes. So wurden die neuen Pläne in zwei Monaten angefertigt, und schon am 14. Mai unterzeichnete sie der Kaiser: die Vorgeschichte des Berliner Nationaldenkmals hatte ihren Abschluß gefunden. —

Zwischen diesem Tag und dem der Enthüllung liegen kaum drei Jahre. Für die Vollendung eines so gewaltigen Werkes eine geringe Frist, zumal die in ihr bewältigte architektonische Arbeit erst nach der teilweisen Zuschüttung des Spreekanals beginnen konnte. Im Begasschen Atelier herrschte von nun an eine fast fieberhafte Thätigkeit. Die Skizzen und Hilfsmodelle für die Steinskulpturen und die in Bronze zu treibenden Figuren, die Hilfs- und Originalmodelle für den Erzguß, füllten seine Räume. Für das riesige Reiterstandbild wurde noch eine Erhöhung des Ateliers nötig. Eine ganze Reihe jüngerer Bildhauer arbeiteten an der Detaillierung des Werkes mit, so besonders Bernewitz, Breuer, Carl Begas, Cauer, Felderhoff, Gaul, Götz, Gibbing, Craus und Wägener.

Die persönliche Arbeit des Meisters mußte sich vor allem auf den geistigen und räumlichen Mittelpunkt des Ganzen konzentrieren: auf das Kaiserdenkmal selbst. Dessen Gesamtform war durch das im Herbst 1892 genehmigte Projekt bestimmt. Sie bietet schon an sich, principiell eine völlig selbständige, ungemein geistvolle Lösung (s. Abb. 99). Dreifach teilt sich das Ganze: in den Unterbau mit den vier diagonal angeordneten kolossalen Löwen, in das eigent-

Abb. 101. Löwe vom Nationaldenkmal Kaiser Wilhelms I. (Modell.)

liche, schlank und schmal aufsteigende Postament mit den Viktorien an den Ecken, den Inschrifttafeln an den Fronten, und dem Kriegs- und Friedensrelief an den Seiten und in die Reiterstatue selbst mit ihrem Genius. Den Übergang zwischen Unterbau und Postament vermitteln seitlich die beiden auf der Bodenplatte des letzteren sitzenden Riesengestalten des Krieges und des Friedens, während vorn unterhalb der Inschrifttafel mit dem Namen Wilhelms des Großen, die Insignien der Deutschen Kaiserwürde, zu einer stattlichen Gruppe vereint sind. Durch das Ganze geht ein malerischer Zug. Überall bewegte Linien und Flächen mit möglichster Beschränkung der Geraden, mit sichtlicher Bevorzugung der Kurve. Nur die vier Löwenpostamente aus dunkelrotem, poliertem schwedischem Wirbogranit, die einzigen steinernen Teile des Denkmals, treten mit ihrer streng rechtigen Fügung aus diesem vielteiligen Formenspiel als die unwandelbaren Hauptachsen des architektonischen Organismus trotzig heraus. Schon diese Anordnung ist ganz schluß an bestimmte Vorbilder, sondern aus seinem eigenen Geist heraus erwuchs. Und dieser ist im Grunde derselbe, der schon die Jugendarbeiten des Meisters durchwehte. Besonders sei an das Modell zum Kölner Denkmal Friedrich Wilhelms III erinnert. Nicht nur die einzelnen unmittelbaren Analogien, vor allem die Dreiteilung des Aufbaues und die Anordnung der vier Löwen, sondern auch der Gesamtcharakter, die Beschränkung auf Idealgestalten, und vor allem

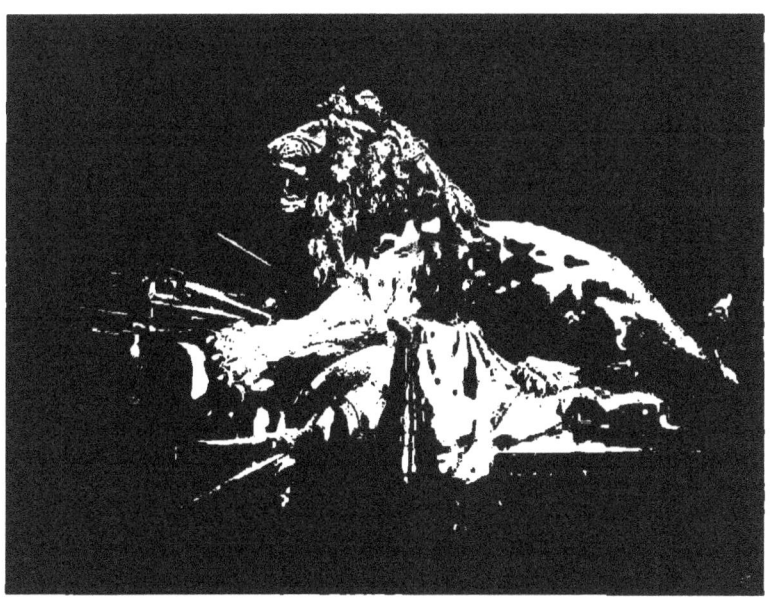

Abb. 102. Löwe vom Nationaldenkmal Kaiser Wilhelms I.

neu und ungemein glücklich. Auf dem Boden des Neuklassicismus hätte sie nicht erstehen können. Sie ist im Geist der Barockkunst erdacht. In seinem malerischen Formenreichtum stellt sich das Denkmal dem Eosanderschen Portal mit überlegener monumentaler Wucht stolz gegenüber, ohne doch stilistisch einen allzu fühlbaren Gegensatz zu ihm zu bilden. Aber der Barockstil Eosanders ist von römischen Triumphbögen erborgt; das Begassche Denkmal dagegen redet in eigener, neuer Sprache, deren Verwandtschaft mit dem Überkommenen nicht durch den An-

die wuchtige, kraftvolle Formenbehandlung, sind dort bereits vorgebildet. Und wie Begas seine Sockelfiguren des Schillermonumentes und vollends dann die Flußgottheiten des Schloßbrunnens in völlig natürlicher Haltung, gleich lebenden Wesen, niedersitzen ließ, so hat er auch am Kaiserdenkmal die beiden Gestalten des Krieges und des Friedens ganz frei postiert. Denn auch diese haben sich auf die Stufen des Unterbaues niedergelassen, als seien sie von außen her zum Denkmal herangeschritten. Von dessen Architektonik sind sie unabhängig.

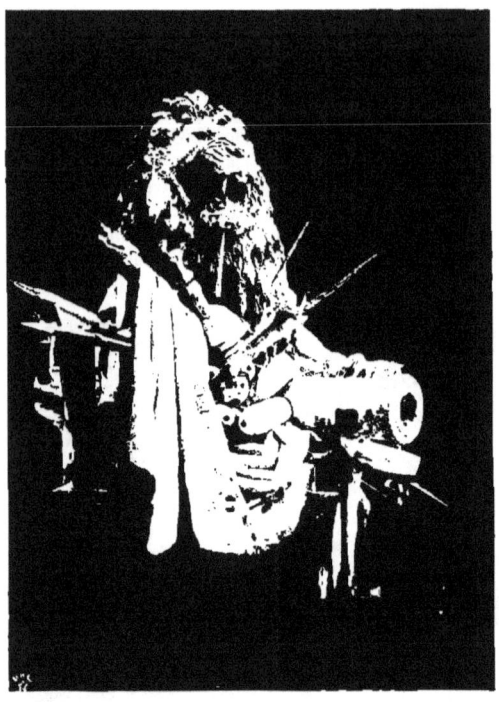

Abb. 103. Löwe vom Nationaldenkmal Kaiser Wilhelms I.

Sie sind gleichsam ein Stück Wirklichkeit, das sich mit seinem organischen Leben, beweglich, wie zu flüchtiger Rast, dem festgefügten Kernbau gesellt. Leben und Bewegung umrauscht diesen aber auch in allen seinen übrigen Gestalten: in den Löwen, die bald brüllend, bald beobachtend, aber stets sprungbereit, über den Waffen und Trophäen wachen, in den vier Viktorien, die, leichten Fußes, über Kugeln, den Sockel umschweben, in den großen Reliefs, deren Hauptfiguren dem Beschauer entgegenziehen oder entgegenstürmen, und endlich auch in der Reiterstatue selbst, deren Vorwärtsbewegung durch den eilenden Schritt des sie geleitenden Genius gesteigert erscheint. Diese lebendige Bewegung aller Teile ist ein Hauptzug im Kunstcharakter des Werkes. Sie widerspricht der neuklassicistischen Lehre von der Ruhe aller echt plastischen Kunst, aber den gleichen Kampf hat Begas in fast allen seinen Werken geführt. Nirgends freilich war dies so ge= jährlich gewesen, wie hier. Mußte doch der malerisch bewegten Auffassung bei diesem Denkmal ferner noch eine besondere Schwierigkeit aus dessen kolossalem Maßstab erwachsen. Dieser war geboten, sobald man nicht die Dimensionen des Eosanderschen Portales allein, sondern die des ganzen dem Monument gegenüberliegenden Schloßtraktes, mit Einschluß der Kapellenkuppel, in Rechnung zog, und für die Fernwirkung der Gesamtanlage war dies allerdings durchaus wünschenswert. So mußte das Denkmal nicht nur das weitaus größte Berlins, sondern eines des größten überhaupt werden. Bis zu einer Höhe von 20 Metern steigt es über dem Boden auf, 6½ Meter höher als Rauchs Friedrichsmonument. Auf die Reiterstatue allein kommen davon 9 Meter. Sie ist also um etwa 6 Meter höher als Schlüters Reiterstatue des Großen Kurfürsten, und ihr Unterbau entspricht einem ganz stattlichen einstöckigen Hause. Da Begas ferner den am Denkmal Friedrichs des Großen durchgeführten Wechsel des Maßstabes verschmähte und alle Freifiguren fast in gleicher Höhe hielt, mußten sie sämtlich zu Riesengebilden werden. Um wieviel mehr hätte man da für diese, den traditionellen Anschauungen gemäß, eine statuarische, gewissermaßen tektonische Ruhe erwarten sollen! Um wieviel gefahrvoller war es, diese Kolossalgestalten sämtlich gleichsam in einem Moment flüchtiger Bewegung zu versteinern! Wie nahe hätte es gerade hier gelegen, an die Ecken des Sockels in hergebrachter Art mächtige, aber ruhige Tragefiguren, Atlanten oder Karyatiden, zu postieren! Begas aber wählte statt dessen ein ganz neues Motiv und ließ den Sockel von den blumenspendenden Viktorien wie im Reigentanz umschweben! Nur ein ganzer Künstler, der über ein völlig außergewöhnliches Können verfügt, vermochte bei dieser Aufgabe solchen Weg überhaupt zu beschreiten und auf ihm vollends sieghaft zum Ziele zu gelangen! —

Begas hat es erreicht. Wie immer man sich principiell zu der von ihm gebotenen Lösung der großen Aufgabe verhalten mag: man muß rückhaltlos eingestehen, daß kein lebender deutscher Bildhauer sie glänzender hätte durchführen können, als er!

Das Denkmal gleicht einem stolzen Siegeshymnus, der machtvoll gen Himmel steigt. Schon in den vier bronzenen Löwen, den altgeheiligten Wächtern einer hehren Stätte, setzt seine Melodie gewaltig ein, wie Sturmesbrausen (s. Abb. 100—103), schon sie verkörpern Kampf und Sieg. Zum Riesenmaß sind auch ihre Leiber gewachsen, dabei aber durchaus naturalistisch, der wirklichen Gestalt nachgebildet. Und diese ist in ihrer ungezähmten Kraft verkörpert. Sie wirkt so wild und trotzig, daß man staunend die Kunst bewundert, welche das hinter Gitterstäben geborgene Modell seinem in königlicher Freiheit hausenden Urbild wieder so nahe bringt. Diese Löwen gehören in der That zu den großartigsten Tierdarstellungen unseres Jahrhunderts. Ihre kunsthistorische Eigenart beruht auf ihrer Naturwahrheit. Der streng stilisierenden Auffassung Canovas, wie Baryes, sind sie gleich fern. Sie haben auch keinen heraldischen Zug. Und doch ist ihr Naturalismus monumental gefaßt, weit grandioser als beispielsweise an den meisten principiell ähnlich dargestellten Löwen der heutigen Nationaldenkmäler Italiens. —

Unter den Pranken dieser Löwen türmen sich die Zeichen des Krieges auf, Kanonenrohre und Räder, bajonettstarrende Gewehre, Säbel, Kürasse, Standarten, Tornister, Trommeln, Schanzkörbe, Schaufeln, wild durcheinander geworfen, vielfach zerbrochen und zerfetzt, realistisch wahr gleich Naturabgüssen, aber wieder in riesenhaftem Maßstab erhoben. —

Ihr schreckensvolles Waffenklirren klingt im Bildschmuck der rechten Seite des Denkmals weiter, während die linke dem Frieden geweiht ist. Diesen Gegensatz verkörpern die beiden mächtigen auf der Plattform sitzenden Jünglingsgestalten. Sie erinnern an jene Kriegerfiguren im Hof des Zeughauses, und mehr noch, als in diesen, hat sich Begas hier, besonders in der Gestalt des Krieges, seinem großen Vorgänger Schlüter ebenbürtig gezeigt. Der herrliche Kopf dieses Kriegsgottes, der, die Hand am Schwert, kampfbereit und doch wie in ruhiger Siegesgewißheit, des Kommenden zu harren scheint, wäre Schlüters selbst wohl würdig (s. Abb. 104). Auch für die Personifikation des Friedens ist ein Jüngling gewählt. Weicher sind seine Glieder. Seine

Abb. 101. Kopf des „Krieges" vom Nationaldenkmal Kaiser Wilhelms I.

Abb. 105. „Friedensrelief" vom Nationaldenkmal Kaiser Wilhelms I.

Rechte ist leicht erhoben, sein linker Arm stützt sich auf einen Januskopf. Das träumerisch blickende Haupt trägt eine phrygische Mütze. Neben ihm künden volle Ährenbündel sein Walten. Wenn man Begas vorgeworfen hat, daß er am Schloßbrunnen den Rhein, minder verständlich, als sonst, in einer Jungfrauengestalt verkörperte, so vermag diese köstliche Darstellung des sonst meist weiblich gedachten Friedens dies sicherlich wett zu machen! Sie wurde gewählt, weil der „Friede" in dem oben am Sockel folgenden Relief als Jungfrau zu bilden war. Dieses Relief und sein Gegenstück, „der Krieg," ist, der Begasschen Auffassung gemäß, wie wir sie schon am Sockel des Schillerdenkmals hervortreten sahen, ein in Formen übertragenes Gemälde.

Sinnfällig spricht die Stimmung beider Darstellungen schon aus ihrer landschaftlichen Scenerie. Sonnenglanz scheint auf der Hügellandschaft des Friedensreliefs zu ruhen: auf dem gelagerten Hirtenknaben mit seinen Lämmern und auf seinem Genossen, der sich — ähnlich wie bei der Büffelgruppe am Budapester Schlachthaus — gemächlich an den Leib des Rindes lehnt. Über das „Kriegsrelief" aber ziehen Gewitterwolken, und seine Landschaft illustriert fast wörtlich die Verse:

Wie eine losgelaff'ne Hölle tobt
Der Sturm, die Erde bebt, und krachend beugen
Die altverjährten Eichen ihre Krone. —

Diese landschaftliche Umgebung und ihre Staffage sind vielfach nur mit zeichnerischen Mitteln dargestellt; die Striche eingeritzt, und die Flächen zwischen ihnen in leiser Hebung und Senkung nur wenig modelliert, aber doch genügend, um, in Verbindung mit den bis zu vollem Hochrelief herausgebildeten Hauptfiguren und deren Abstufungen, im Gesamteindruck mit der richtigen Körperlichkeit zu wirken. Und dabei ist der hohe Standort dieser Reliefs vortrefflich berechnet, und dem Ganzen die Frische der ersten Skizze erstaunlich lebhaft gewahrt.

Wie über der Landschaft des Friedensreliefs die Sonne strahlt, so über seiner Hauptfigur Märchenglanz (f. Abb. 105, 106). In der Mitte schwebt sie daher, eine formenschöne Jungfrauengestalt, von ihrem langen Haar wie von einem Schleier umwallt, Blumen auf ihren Pfad streuend, die sie dem vollen Korb des neben ihr stehenden kindlichen Begleiters entnimmt, während dessen Genosse ihr zur Rechten die Friedenspalme trägt. Sie erinnert an Schillers „Mädchen aus der Fremde," und sie ist auch wirklich aus anderem, feinerem Stoff gebildet, als die den Vordergrund füllenden Menschen, denen sie ihren Segen bringt: als der ganz realistisch aufgefaßte alte Bauer, welcher links neben einem Weib betend die Hände erhebt, und die junge Mutter, die rechts mit ihrem Knäblein ein Baumreis in den Boden pflanzt. Besonders diese Gruppe ist von vollendeter Anmut. —

Noch genialer aber ist das Kriegsrelief durchgeführt (f. Abb. 107). Hier ist die Natur selbst in Aufruhr. Auf die Stämme, die links im Hintergrund ihre Äste über einen Gottesacker breiten, fährt der Blitz herab, und die Halme des im Mittelgrund beginnenden Saatfeldes sind vom Sturmwind gepeitscht. Sein Pfeifen und der rollende Donner scheinen das grauenvolle Schauspiel zu begleiten, welches sich auf diesem Boden vollzieht. Die Kriegsfurie selbst rast heran, auf ihrem von einem Mordgesellen an der Mähne geleiteten Roß, von einem Jüngling begleitet, der sein Krummschwert gleich einer Sichel über die Halme schwingt, „den

Abb. 106. Detail vom „Friedensrelief" am Nationaldenkmal Kaiser Wilhelms I.

8*

Abb. 107. Kriegsrelief vom Nationaldenkmal Kaiser Wilhelms I.

blüh'nden Fleiß der Felder zu verwüsten." Thatsächlich schwebt sein Arm über den Ähren, allein die Phantasie des Beschauers folgt der Absicht des Künstlers und überträgt die verderbenbringende Kraft dieses Streiches auch auf die Menschengruppe, welche den ganzen Vordergrund des Reliefs belebt. Denn von diesem grimmen Schnitter selbst scheinen die drei Jünglinge gefällt, die dort vor ihm über den Boden stürzen, der eine rücklings, kopfüber, mit ausgebreiteten Armen, der andere vorwärts auf Brust und Antlitz, während seine Rechte sich in den Boden krallt, und zwischen beiden ein jüngerer Genosse mit noch aufgerichtetem Oberkörper. Neben ihnen, noch unverletzt, aber unter des Rosses Hufen, ist ein Weib in die Kniee gesunken und reißt verzweiflungsvoll ihr Knäblein an sich, um es mit ihrem Leibe zu decken. Blitzschneller Sturz und angsterfüllte Flucht, und über beiden das sturmschnell heranbrausende Verderben — so verkörpern alle diese Gestalten atembeklemmende Bewegung. Die letzte, ganz links im Vordergrund befindliche Zweifigurengruppe aber bringt hierzu den inhaltlich und formal gleich wirksamen Gegensatz: die schon fast zur Grabesruhe erstarrte Verzweiflung. Zusammengekauert sitzt dort eine in Lumpen gehüllte Greisin, die hageren

Abb. 108. Viktoria vom Nationaldenkmal Kaiser Wilhelms I. (Gipsmodell.)

Arme auf die angezogenen Knie gestützt, die geballten Fäuste gegen das Kinn gepreßt, und vorn lehnt sich ein nackter, abgemagerter Knabe an sie, das Haupt tief gesenkt, todesmüde. —

Dieses Reliefbild spiegelt in vielen Beziehungen die Kunst des Meisters auf ihrem Höhepunkt, mag man es nun in seiner Gesamtheit oder im einzelnen prüfen. Seit der Figur der „Philosophie" am Sockel des Schillerdenkmals hat Begas keine so packende Gestalt geschaffen, wie diese verhungerte Alte. Jene zu Boden gestürzten nackten Jünglingskörper sind in ihrer kühnen Verkürzung meisterhaft dargestellt, und doch war hier jeder Anschluß an Modelle unmöglich. Das konnte überhaupt nur ein Künstler wiedergeben, der über die sicherste Kenntnis des menschlichen Körpers in jeder Bewegung gebietet. Zugleich aber mußte er damit ein hohes Schönheitsgefühl verbinden, denn trotz dieses an sich so krassen Vorwurfs — zwei dem Beschauer im Fall halb entgegenrollende Männerleiber — geht von den Formen und Linien dieser Gruppe ein Wohllaut aus, der über das Ganze echt künstlerische Schönheit breitet. Und diese waltet auch über der Hauptgruppe. Der Sänger der Apokalypse hat ihr Motiv zuerst geschildert, und seine Worte sind von Dürer und Cornelius in den Reitern, „denen Macht gegeben, zu töten das vierte Teil auf der Erde," mit erschütternder Kraft in Bilder übertragen worden. Begas hatte sich

Abb. 109. Viktoria vom Nationaldenkmal Kaiser Wilhelms I. (Gipsmodell.)

ist „des Streites schlangenhaariges Scheusal, heiß der Höll' entstiegen," die im Bügel hochaufgerichtet, von Geiern umkrächzt, ihren gellenden Mordruf erschallen läßt.

Wie dieses Relief, so müssen auch die vier vor den Ecken des Denkmals schwebenden Viktorien zu den besten Schöpfungen des Meisters gezählt werden (s. Abb. 108—113). Huldgöttinnen sind es. Von vollendeter Anmut sind ihre Bewegungen, fein geformt ihre Glieder, und reizvoll umspielt sie das dünne Gewand. Eine festlich frohe Stimmung spricht aus diesen Gestalten. Darin sind sie Rauchs Viktorien für die Walhalla bei Regensburg stammverwandt. Allein sie gehören doch wieder einer anderen Welt an. Teilweise war diese in beiden Fällen schon äußerlich bestimmt. Rauch mußte auf Weisung des König Ludwig „zu seinem großen Schmerz" fast streng bekleidete Figuren schaffen, und innerhalb des architektonischen Rahmens war ruhige Haltung geboten. Begas durfte die Schönheit des Frauenleibes doch freier wirken lassen und in seiner graziösesten Bewegung. Viel wesentlicher aber ist der innere Gegensatz. Denn die Viktorien Rauchs wahren, obschon in ihnen zuweilen ganz leise der Rokokogeschmack anklingt, den klassischen Grundcharakter, diese Begasschen Siegesgöttinnen aber verkörpern das Frauenideal der Gegenwart. Trotzdem sind auch sie über das Modell zu künstlerischer Wahrheit emporgehoben; weit mehr als etwa die Flußgottheiten am Schloßbrunnen. Gerade diese Viktorien zeigen vielleicht am deutlichsten, wie wesentlich sich die Kunstweise des Meisters auf der Höhe seines Schaffens geklärt hat. Sie haben nicht mehr so üppig weiche, zuweilen selbst weichliche Formen, wie einzelne seiner früheren Frauendarstellungen. Seine Muse hat an keuscher Anmut gewonnen, ohne an gesunder Frische

an keinen bestimmten Text zu halten. Seine Kriegsfurie mit den erhobenen Fackeln

einzubüßen. —
Eine Schwester dieser Viktorien, wohl die

schönste des ganzen Reigens, ist auch oben dem Hauptteil des Denkmals gesellt: der Reiterstatue. Sie führt schwebenden Ganges das Kaiserroß am Zügel (s. Abb. 114). Über

der prinzipielle Gesichtspunkt, welcher die geistige Bedeutung des ganzen Werkes erörtert, fast gebieterisch auf.

In reinen Zügen steht noch vor dem

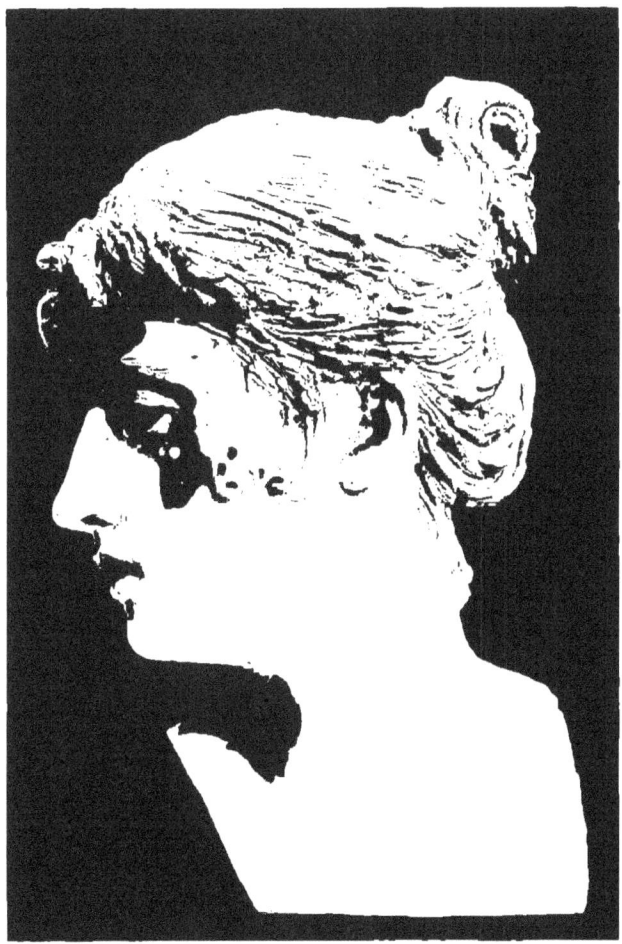

Abb. 110. Viktoria vom Nationaldenkmal Kaiser Wilhelms I. (Gipsmodell.)
(Nach einer Aufnahme von Zander & Labisch in Berlin.)

diese Verbindung ist viel gestritten worden, allein sie ergab sich mit einer gewissen Notwendigkeit aus dem ganzen Charakter des Monumentes und selbst auch der Reiterfigur an sich. —

An dieser Stelle drängt sich von neuem

lebenden Geschlechte das Bild des zum Deutschen Kaiser erkorenen Preußenkönigs Wilhelm, dieses Fürsten, dessen Größe seine Schlichtheit war. Ihn werden die, welche ihn kannten, in diesem Denkmal, auf diesem, von riesenhaften Idealgestalten umgebenen Sockel zunächst nicht wiederfinden. Seiner wahren Natur konnte nur ein einfaches Standbild gerecht werden, das sich vom Maßstab des wirklichen Lebens nur wenig entfernte. Dann war derselbe aber auch für das Postament und seinen Schmuck bestimmend, dann ging es nicht an, das Monument dem Schloßportal gegenüberzustellen, dann mußte jeder außerordentliche Aufwand ausgeschlossen werden: dann blieb der Anspruch aller derer ungehört, die in diesem Monument Wilhelms I in seiner Hauptstadt zugleich ein Nationaldenkmal des neuen Deutschen Kaiserreichs sehen wollten, dessen heutiger Weltstellung entsprechend. Und an deren Spitze steht der kaiserliche Auftraggeber des Werkes. —

So bleibt die auf die Auffassung der Kaiserstatue und mittelbar dann auch des ganzen Monuments bezügliche Streitfrage thatsächlich eine durchaus prinzipielle, die außerhalb der Künstlerwerkstatt entschieden werden mußte und wurde, als eine Vorfrage, die entschieden war, als der Kaiser zum Platz des Denkmals die Schloßfreiheit und Begas zu seinem Meister bestimmte.

Begas hat in seiner Reiterstatue diesen gegebenen Verhältnissen in gleicher Weise Rechnung getragen, wie im Postament. Nicht auf ein schlichtes Bildnis der Wirklichkeit bereitet dasselbe vor. In diesem Sinne ist sein Schmuck durchaus idealistisch, und ein Idealbild mußte es auch bekrönen. Über dessen Verhältnis zum Urbild aber entschied wiederum bis zu einem gewissen Grad bereits der Maßstab. Die oben genannten Zahlen geben von diesem vielleicht nur eine abstrakte Vorstellung. Greifbar wird dieselbe, wenn man bedenkt, daß ein ausgewachsener Mann dem Roß bis zur Kniehöhe reicht, daß man etwa acht Schritte braucht, um unterhalb des Rosseleibes vom Genick bis zum Schweifansatz entlang zu schreiten. Der Kopf des zu diesem Pferd passenden Reiters mußte fast dreiviertel Meter Durchmesser haben! Solche Maße schließen aus einem Bildnis die Seelenschilderung, die intimeren Züge, notgedrungen aus. Sie geben dem Porträt einen gleichsam dekorativen Zug. Dieser wäre hier stets unvermeidlich gewesen, und er hätte um so störender empfunden werden müssen, je mehr die Gesamtwirkung gerade

Abb. 111. Viktoria vom Nationaldenkmal Kaiser Wilhelms I. (Gipsmodell.)

auf die bildnismäßige Ähnlichkeit des Reiters allein beschränkt blieb. In diesem Zusammenhang muß die von Begas gewählte Auffassung, und besonders die Verbindung des Reiters mit dem Genius, als ein wohlbedachtes Ergebnis der Aufgabe selbst gelten: denn durch die neben dem Roß schreitende Idealfigur wird die schon im Maßstab selbst begründete Vorherrschaft eines mehr dekorativen Charakters bewußt zum Princip erhoben. Es ist hierfür bezeichnend, daß dieses Motiv jener den Giebel des Reichstagsgebäudes krönenden Germaniagruppe ähnelt.

Allein diese Auffassung mußte selbstverständlich dann auch geistig vertieft werden. In der Künstlerphantasie sind Formen und Gedanken untrennbar vereint, ihre Schöpfung aber, das Kunstwerk selbst, regt durch seine Formen im Beschauer eine Reihe von Gedankenverbindungen an. Verschiedenartig mag deren Deutung lauten. Eine jede ist berechtigt, die sich auf den formalen Eindruck des Werkes selbst zu stützen vermag. Und bei dieser Gruppe kann sie kaum zweifelhaft sein. Diese Reiterfigur hat ebensowenig von dem oratorischen Charakter, wie er von der Marc Aurelsstatue in Rom auf so zahlreiche Statuen Europas übergegangen ist, wie von dem strategischen, welcher mit der Condottierengestalt des Colleoni in Venedig beginnt. Völlig ruhig sitzt der Kaiser im Sattel, hoch aufgerichtet; ruhig blickt er vorwärts, ruhig hält die Linke den Zügel, stützt sich die Rechte auf den aufgestemmten Feldherrnstab. Das ist ein echt statuarisches, am häufigsten bei Standbildern verwertetes Motiv. Auf die Bewegung des Reiters deutet an ihm selbst zunächst nur die im Winde flatternde Pelerine seines Mantels, an den Muskeln seines Körpers ist sie auf das geringste Maß eingeschränkt. Man vergleiche damit Schlüters Großen Kurfürsten, bei dem die Seitenwendung des mächtigen Hauptes, die mit dem Stab frei ausgestreckte Rechte und die schräg nach vorn gestemmten Beine den Ausdruck einer kraftvollen Bewegung, eine alle Körperteile straffenden Energie enthalten. Darauf hat Begas verzichtet. Der Reiter hat, dem Roß und vor allem dem eilenden Genius gegenüber, etwas Passives. Und gerade dies steigert das Bild der Wirklichkeit zu einer ergreifenden Dichtung. Nicht mehr nur den an der Spitze seines Heeres reitenden Feldherrn,

Abb. 112. Viktoria vom Nationaldenkmal Kaiser Wilhelms I. (Bronzeoriginal.)

Abb. 113. Viktoria vom Nationaldenkmal Kaiser
Wilhelms I. (Bronzeoriginal.)

nicht den Herrscher sieht man, sondern es
verkörpert sich eines jener Märchenbilder, in
denen die Phantasie der Völker das Wirken
ihrer großen Männer zu schauen liebt: der
von seinem Genius zum Sieg geführte Held.
Die Bilder erdichtende Sprache darf das
geheimnisvolle Wechselverhältnis zwischen
Willen, That und Geschick in die Worte
fassen: „In deiner Brust sind deines Schick-
sals Sterne;" die Formen schaffende Kunst

muß den Genius sichtbar neben
den Menschen stellen. So kommt
in dessen Erscheinung bei aller persönlichen Kraft etwas Passives; als
Schützling erscheint er neben dem
Schutzgeist. Aber wohl noch eine
andere Empfindung regt sich bei
einem Blick auf diese Gruppe unwillkürlich. Sieg ist Ruhm. Die
Viktoria wandelt sich in die Fama.
Über das lebendige Bildnis breiten
sich die Fittiche einer großen Vergangenheit: es ist die Apotheose
des Helden, der, dem irdischen
Schauplatz entrückt, vom Ruhm
seines Wirkens in die Unsterblichkeit geleitet wird! —
Und dieser Held ist Deutschlands erster Kaiser, und sein ehernes Bildnis ist dem Schloß seiner
Ahnen zugewandt! Da gewinnt
das Märchen doch wieder persönliche Züge! Da kündet es dem
willig Lauschenden doch auch wieder die Sprache der Weltgeschichte
und verkörpert den vielhundert-
jährigen Traum, den alle die Tau-
sende, welche seine Verwirklichung
erlebten, hier nun auch künstlerisch
verklärt sehen wollen, als ein allen
kommenden Geschlechtern verständ-
liches Denkmal des neuen Deutschen Kaisertums! —
Der künstlerisch schönste Teil
dieser Gruppe ist wohl der Genius.
Mehr schwebend, als schreitend ist
die Bewegung dieser Jungfrauengestalt von unübertrefflicher Grazie,
und doch ist das nicht ihr höchster
Reiz. Was in dieser Haltung an
ein Modell erinnern kann, wird
wett gemacht durch den seelenvollen
Ausdruck des herrlichen, lorbeer-
umkränzten Kopfes, der mit leichter
Seitenwendung emporgerichtet ist (s. Abb.
115). Er gibt der Märchenschönheit der
ganzen Figur erst die rechte Weihe. —
Die Reiterstatue selbst will dem obigen
gemäß nur in Verbindung mit diesem
Genius beurteilt sein. Das hat ihre Darstellung im gleichen Grade erschwert, wie
erleichtert, und bedingte, daß sie durchaus
verschieden wirkt, je nachdem man sich ihr
von der Stechbahn oder von der Schloß-

Abb. 114. Reiterstandbild Kaiser Wilhelms I am Nationaldenkmal.

brücke her nähert. Auf der Seite, wo der Genius steht, ist der Gesamteindruck natürlich der günstigere. — Das Roß ist in seinen Proportionen im Anschluß an ein Leibpferd Kaiser Wilhelms II geformt. Kraftvoll, mit flatternder Mähne und geblähten Nüstern, schreitet es vorwärts. Wie das Pferd, so ist auch der Reiter äußerlich der Wirklichkeit nachgebildet. Der Kaiser trägt die Interimsuniform mit dem Helm. Aber der Waffenrock ist von dem langen Reitermantel, der weit ausgebreitet über den Rücken und auch über die Seiten des Pferdeleibes herabfällt, fast völlig verdeckt. In klarer Silhouette ragt das Haupt auf. Es ist ein Meisterwerk, den besten Porträtbüsten des Künstlers ebenbürtig. Seiner Altersstufe nach zeigt es den Sieger von Sedan und den zu Versailles erkürten Kaiser. Schade nur, daß dieser Kopf zu hoch über dem Beschauer steht, um die auf ihn verwandte Kunst ihrem ganzen Werte nach zur Geltung zu bringen. — Zieht man die Summe, so ist dieses Kaiserdenkmal die höchste Leistung, zu welcher die Begassche Kunstweise bei dieser Aufgabe überhaupt gelangen konnte. Alle die wechselvollen Schicksale des ersten Entwurfes sind ihr schließlich nur von Vorteil geworden. Ein einzigartiges Werk ist entstanden, in seiner Gesamtheit das grandioseste Fürstendenkmal unserer Zeit, innerlich organisch in allen seinen Teilen, und in diesen selbst zeigt es ein Können, wie es wohl kein anderer deutscher Bildhauer der Gegenwart besitzt.

In ungemein glücklicher Weise hat sich demselben auch die moderne Technik dienstbar gemacht. Noch vor zwei Menschenaltern stellte diese Seite das Gelingen eines Denkmals fast stärker in Frage als die künstlerische. Im siebzehnten Jahrhundert war der Bronzeguß in Deutschland so selten geübt worden, daß der Name des glücklichen Gießers der Statue des Großen Kurfürsten in Berlin, Johann Jacobis, zunächst fast bekannter und berühmter wurde, als derjenige Schlüters selbst. Als der Plan, Friedrich dem Großen in Berlin ein Denkmal zu errichten, nach den ersten erfolglosen Konkurrenzen greifbarere Gestalt empfing, mußte Gottfried Schadow 1791 in Stockholm, Petersburg, Schweden und Kopenhagen den Erzguß monumentaler Werke theoretisch und praktisch von neuem studieren, da man sich in Preußen seit einem Jahrhundert fast nur noch auf den Guß von — Kanonenrohren recht verstand. Dann gewann besonders an den Rauchschen Denkmälern die Gußtechnik auch für größere künstlerische Aufgaben verhältnismäßig schnell die rechte Schulung. Der Oberformer Friebel aus Lauchhammer führte den schwierigen und einmal arg gefährdeten Guß des Friedrichsmonumentes in den Räumen der späteren Gladenbeckschen Gießerei in der Münzstraße glücklich zu Ende. Derselben stehen seit 1892 Walter und Paul Gladenbeck vor, und in deren Anstalt zu Friedrichshagen ist auch der Guß des Kaisermonumentes vom Januar 1895 an in zwei Jahren ausgeführt worden. Nur die beiden Kolossalfiguren des Krieges und des Friedens wurden bei Martin und Pilzing in Berlin, ebenfalls vortrefflich, in Bronze übertragen. Der Guß der in Gladenbecks Bronzegießerei hergestellten Teile erfolgte im Wachsschmelzverfahren, welches bei so kolossalem Maßstab — das Kaiserdenkmal ist das größte bei Gladenbeck bisher in dieser Technik gegossene Werk — besonders durch die lange Dauer des Glühprozesses schwierig wird. Allein es ist der Sandform vorzuziehen, weil es das Modell in einer durch diese unerreichbaren Feinheit wiedergibt. Und das ist bei der Begaßschen Stilistik ganz besonders zu wünschen, gerade deshalb, weil dieselbe einen mehr auf den Gesamteindruck als auf die Details berechneten Charakter trägt. Jede verflachende Abschleifung der Formen durch den Guß würde dieser Darstellungsweise ihren besten Teil, die unmittelbare Frische, rauben. Am Kaiserdenkmal ist dieselbe allerorten ganz meisterhaft gewahrt worden. Auch das eherne Original behielt hier noch jenes eigenartige, innere Leben, welches von der schöpferischen Künstlerkraft im Augenblick der Arbeit auf die Skizze übergeht und sonst meist aus dieser viel lebhafter zurückstrahlt, als von dem ausgeführten Werk. Wesentlich trägt dazu auch die Färbung bei. Sie ist von dem gleichmäßigen metallenen Braun, welches die Arbeiten der Rauchschen Epoche vor stärkerem Ansatz der Patina zeigen, gänzlich verschieden. Für die Zusammensetzung der Bronze sind 93 % elektrolytischen Kupfers und 7 % Banco-zinn gewählt, und die Oberfläche erhielt auch hier eine künstliche Patina, die glücklicher wirkt als am Schloßbrunnen, zumal sie dem malerischen

Abb. 115. Reiterstandbild Kaiser Wilhelms I vom Nationaldenkmal.

Charakter der Formenbehandlung so gut entspricht. Auch die technische Leistung an sich ist bei diesem Guß ungewöhnlich, denn das Gewicht der Reiterstatue ist auf die im Verhältnis zu ihren Massen sehr geringe Summe von dreihundert Centnern zurückgeführt, bei einer Wandungsstärke von etwa 10 bis 15 Millimetern; und einzelne Teile des Beiwerks, wie beispielsweise der in einem Stück gegossene Schanzkorb, sind, ähnlich wie die Fischernetze am Schloßbrunnen, wahre Meisterstücke des Kunstgusses. —

Die Thätigkeit, welche Begas bei diesem Kaiserdenkmal entfalten mußte, überschreitet die bei anderen Monumenten der Gegenwart üblichen Grenzen um ein Bedeutendes. Er ist der geistige Schöpfer der ganzen Denkmalsanlage, sowohl in ihrem baulichen, wie vollends auch in ihrem reichen bildnerischen Schmuck, und dessen Ausführung ruhte in den Händen der aus seiner Schule hervorgegangenen Meister. Für die mächtigen in schlesischem Sandstein gemeißelten Figurengruppen, welche die Halle bekrönen, hat er — ähnlich wie für die Bronzebüsten des Zeughauses — sämtliche Hilfsmodelle geschaffen. Ein großer Zug geht auch durch diese mehr dekorativen Arbeiten, besonders durch die vier auf die Wasserseite schauenden Gruppen von Schiffahrt, Handel, Wissenschaft und Kunst, die von den Bildhauern Cauer, Karl Begas und Hidding ausgeführt sind. Auch hier zeigt sich, wie sich seine Formenphantasie aus dem Sturm und Drang der Jugendzeit zu würdevoller Ruhe und Größe erhoben und dabei doch den wuchtigen, michelangelesken Charakter prächtig gewahrt hat. Nach der Innenseite wenden sich an der Attika die im Stil der Schloßskulpturen gehaltenen Wappengruppen der vier deutschen Königreiche, deren Abzeichen von schwungvoll bewegten Idealfiguren gehalten werden. Die Detaillierung fiel hier den Bildhauern Breuer, Gaul und Kraus zu. Über alle Teile der Architektur ist ornamentaler und figürlicher Schmuck mit freigebigster Hand geschmackvoll verteilt. Aufs reichste sind endlich die Haupt- und Seiteneingänge der beiden Pavillons von Breuer, Hidding und Wägener mit Masken, Kartuschen und Emblemen geschmückt, die den Vergleich mit Schlüters Zeughausdekorationen sehr wohl bestehen können, und über die Portalen ragen die im Auftrag des leitenden Meisters von Bernewitz und Götz selbständig entworfenen, bei Martin und Pilzing und Gustav Lind in Bronze getriebenen kolossalen Quadrigen auf, von den Idealgestalten Nord- und Süddeutschlands geleitet: auch dies schwungvoll bewegte Gruppen, den Siegeshymnus des Hauptdenkmals wie mit Posaunentönen begleitend, welche hinüberzuklingen scheinen zu jener anderen Quadriga auf dem Brandenburger Thor, als der stolze, jubelnde Gruß der Gegenwart an die schlichtere Vergangenheit, der sie die eigene Größe dankt. Stürmisch eilen die Rosse vorwärts, hoch aufgerichtet schwingen die Lenkerinnen ihre Banner, denn das neue Deutsche Kaiserreich ist es, das sie in die Gestalt seines Begründers der Hauptstadt und dem Hohenzollernschloß in künstlerischer Verklärung bringen, in unwandelbarer Kraft, über Frieden und Krieg! —

* * *

Das Kaiserdenkmal hat Begas in seinem sechsundsechzigsten Jahre vollendet. Aber weder in seinem Leben noch in seiner Kunst äußert sich das Nahen des Alters. Seine an Jagd und körperliche Übungen aller Art gewöhnte Reckengestalt ist noch voll Jugendkraft, seine Hand rastlos thätig. Selbst während der Riesenarbeit für das Nationaldenkmal entstand noch eine Reihe anderer Bildwerke, und zwar nicht nur kleinerer, wie Porträtbüsten und die Ergänzung des antiken Torsos der „Tanzenden Mänade" im Berliner Museum — schon zuvor hatte er auch den dortigen berühmten Frauenkopf aus Pergamon vervollständigt — sondern auch eine Bronzegruppe größten Maßstabes: die Ermordung Abels (Abb. 116), voll dramatischen Lebens und packend im Ausdruck, bei welchem der Gegensatz beider Gestalten aus jeder Linie spricht.

Begas steht jetzt auf der Höhe seines Lebensweges, und die Zahl seiner Werke ist hoffentlich ihrem Ende noch fern. —

Seine kunstgeschichtliche Stellung aber wird sich kaum noch verändern, am wenigsten der Vergangenheit gegenüber. Begas hat die Berliner Plastik in derjenigen Richtung fortgeführt, in der ihr am machtvollsten zuvor durch Schlüter gewiesen war. Den neuklassischen Kanon, welcher in der Rauchschen Schule zu einem leeren Schema

Abb. 116. Kain und Abel. Bronzegruppe.

herabzusinken drohte, ersetzte er durch sinnliche, zeugungskräftige Gestalten, die nichts
anderes bieten wollen, als den persönlich
erfaßten Reiz der Natur selbst. Die an der
klassischen Skulptur geschulte Kunstsprache
der reinen Form in ihrer stillen Größe
weicht bei ihm malerischer Behandlung,
starker aktiver und passiver Bewegung, bald
in leicht vorüberschwebender Anmut, bald
in pathetischer Wucht. Und überall gebietet er über ein staunenswertes Können. —
Naturgemäß äußert sich dasselbe innerhalb
individueller Schranken. In der Künstler-
welt stehen sich die Gegensätze schroff persönlich gegenüber: in der Kunstgeschichte,
die in ihnen nur nach den verschieden-
artigen treibenden Kräften selbst späht, werden sie zu historisch wirksamen Gegen-
gewichten. Und deren Wettstreit greift für
sie dabei über die örtlichen, ja selbst über
die nationalen Grenzen hinaus. Damit wandelt sich auch der Maßstab ihrer Wertung.
Allein über diesen zu entscheiden, ist der
Gegenwart versagt; er wird erst durch das
Schaffen der Zukunft selbst bestimmt. Wie
immer aber auch dasselbe sich gestalten mag:
die lebendige Kraft, die Reinhold Begas in
seine Schöpfungen legte, wird darin fort-
wirken. Denn in seinem Lebenswerk hat
sich innerhalb der deutschen Plastik von neuem
eine jener Wellen erhoben, die in ihrem
Anschwellen und allmählichem Niedergleiten
das künstlerische Können forttragen von Geschlecht zu Geschlecht.

www.ingramcontent.com/pod-product-compliance
Lightning Source LLC
Chambersburg PA
CBHW031336160426
43196CB00007B/706